2025年版

みんなが欲しかった!

社会福祉士の一問一答+穴埋めドリル!

TAC社会福祉士
受験対策研究会

TAC出版
TAC PUBLISHING Group

はじめに

本書は、社会福祉士国家試験の合格基準である６割の得点を確実にするための、頻出・重要ポイントのチェック＆トレーニング集です。

① 第22～36回国家試験を対象に徹底した出題分析から、頻出テーマをしぼり、新国家試験出題基準に基づいて実施される第37回国家試験（2025年２月上旬実施予定）に対応できるよう、過去問をベースにした良問と予想問題を作成しています。

② 左ページの問題は、すべて正文に改題！ 正誤ポイントとなる用語を、文字数分の〔　　　〕と空欄とし、右ページに空欄に入る解答と解説を掲載しています。

③ 解説は実戦で役立つ知識を中心に、また頻出・重要用語はチェックシートを使用することで、〝いつでも〟〝どこでも〟手軽に学習することができます。

④ またドリルに入る前に、国家試験直結の受験知識を「ポイント・チェック！」として科目ごとにまとめました。知識を再確認する際ご活用ください。

以上本書は、受験生のみなさまの実力を、短時間で合格レベルにまで引き上げるのに必要なアイテムを満載しています。
ぜひ、効率的な学習で合格を目指してください。

2024年４月

TAC社会福祉士受験対策研究会

本書の特長と使い方

本書は、社会福祉士国家試験の試験科目ごとに過去問題をベースとした穴埋め式の問題を収載しています。

社会福祉士国家試験の出題基準と出題実績から厳選した頻出テーマを試験科目ごとに掲載しています。

問題にはチェック欄を付しています。有効に活用してください。

実際の試験問題で正答を導くためのポイントとなる語句や数字を空欄にしてあります。空欄の長さをヒントに考えてみましょう。書き込んでもＯＫ！

一問一答 ＋穴埋めドリル！

1 人口動態

Q 001 □□ 「令和４年（2022）人口動態統計（確定数）の概況」によると、2022（令和４）年の出生数は77万759人で、前年に比べて〔　　〕している。

Q 002 □□ 「令和４年（2022）人口動態統計（確定数）の概況」によると、2022（令和４）年の合計特殊出生率は、〔　　　　〕である。

Q 003 □□ 「令和４年（2022）人口動態統計（確定数）の概況」によると、2022（令和４）年の婚姻件数は、同年の離婚件数よりも〔　　〕。

Q 004 □□ 「令和４年簡易生命表の概況」によると、2022（令和４）年の女性の平均寿命は、90年を〔　　　　〕いる。

2 社会保障費用統計

Q 005 □□ 「令和３年度社会保障費用統計」によると、2021（令和３）年度の部門別社会保障給付費の構成割合をみると、〔　　〕が最も高い。

Q 006 □□ 「令和３年度社会保障費用統計」によると、2021（令和３）年度の社会保障財源をみると〔　　　　　〕の割合が最も高い。

Q 007 □□ 「令和３年度社会保障費用統計」によると、2021（令和３）年度の１人当たりの社会支出と社会保障給付費をみると、〔　　　　〕の方が高い。

84

本書は、左ページに穴埋め問題、右ページに解答・解説を配置する「見開き」の構成になっています。赤シートをうまく活用して、キーワードの暗記や、重要ポイントをリズミカルにマスターしていきましょう。

左ページの空欄に入る語句です。

問題に対応した解説やプラスαの知識を掲載しています。重要語句は赤シートで隠せるようになっているので、解説編も穴埋め式ドリルとして活用できます。

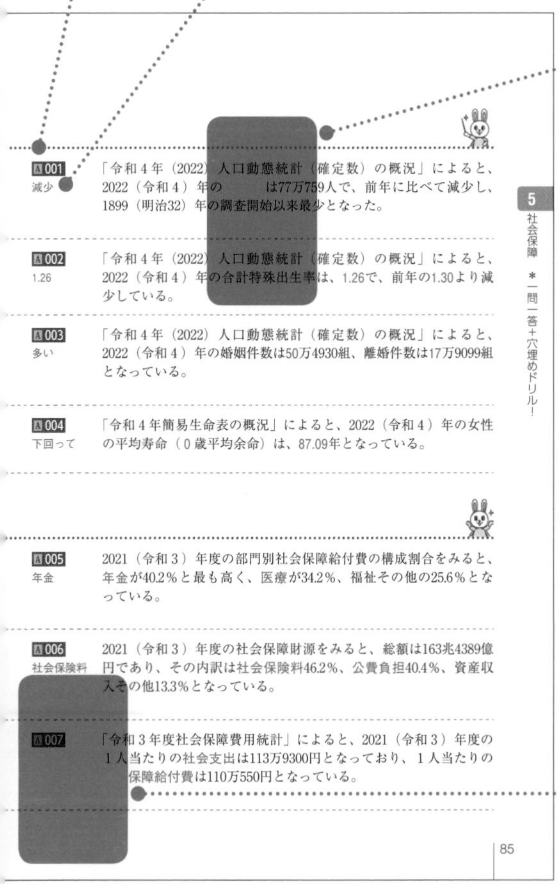

A 001 減少
「令和4年（2022）人口動態統計（確定数）の概況」によると、2022（令和4）年の　　　は77万759人で、前年に比べて減少し、1899（明治32）年の調査開始以来最少となった。

A 002 1.26
「令和4年（2022）人口動態統計（確定数）の概況」によると、2022（令和4）年の合計特殊出生率は、1.26で、前年の1.30より減少している。

A 003 多い
「令和4年（2022）人口動態統計（確定数）の概況」によると、2022（令和4）年の婚姻件数は50万4930組、離婚件数は17万9099組となっている。

A 004 下回って
「令和4年簡易生命表の概況」によると、2022（令和4）年の女性の平均寿命（0歳平均余命）は、87.09年となっている。

A 005 年金
2021（令和3）年度の部門別社会保障給付費の構成割合をみると、年金が40.2％と最も高く、医療が34.2％、福祉その他の25.6％となっている。

A 006 社会保険料
2021（令和3）年度の社会保障財源をみると、総額は163兆4389億円であり、その内訳は社会保険料46.2％、公費負担40.4％、資産収入その他13.3％となっている。

A 007
「令和3年度社会保障費用統計」によると、2021（令和3）年度の1人当たりの社会支出は113万9300円となっており、1人当たりの　　保障給付費は110万550円となっている。

『みんなが欲しかった！
社会福祉士の教科書』を併用して学習すれば、合格がぐっと近くなります。

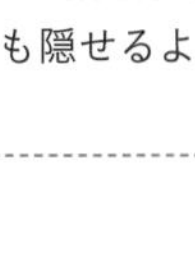

空欄に入る語句も隠せるようになっています。

社会福祉士国家試験の概要

社会福祉士は「社会福祉士及び介護福祉士法」に基づく社会福祉専門職の国家資格です。社会福祉士になるためには、年1回行われる社会福祉士国家試験に合格し、所定の登録を行う必要があります。

受験資格

社会福祉士国家試験を受験するには、以下の資格取得ルート図のいずれかの過程を経る必要があります（取得見込み含む）。

〈資格取得ルート図〉

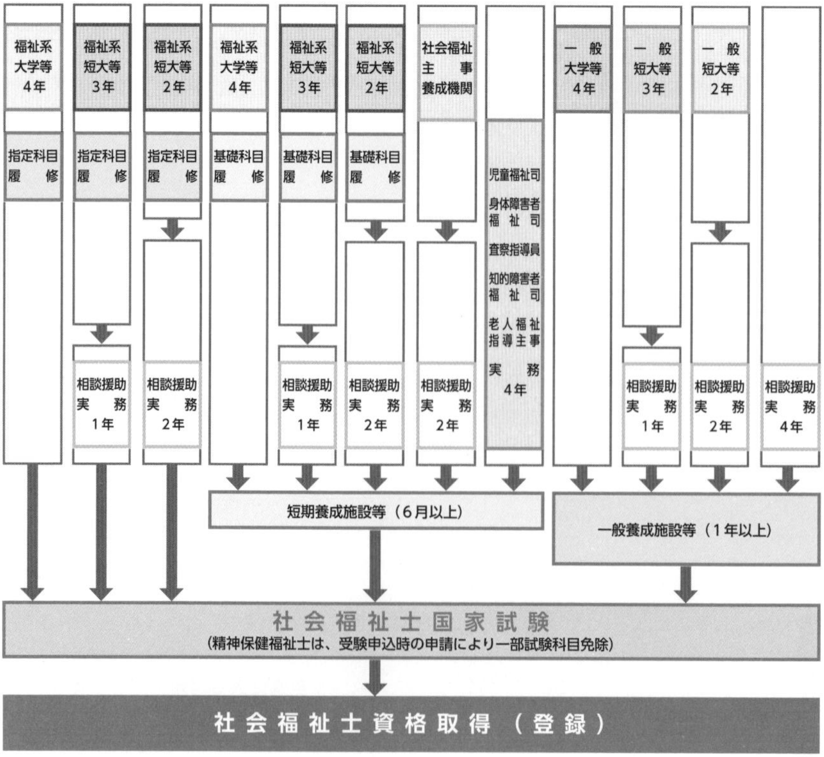

実務経験として認められる業務や施設については、細かく規定されていますので、「受験の手引」等で確認が必要です。

受験手続き

受験手続きは、公益財団法人社会福祉振興・試験センターに「受験の手引」を請求し、それに従って、受験申込書と必要書類を提出します。

公益財団法人社会福祉振興・試験センターは、厚生労働大臣指定試験機関・指定登録機関として、社会福祉士・精神保健福祉士・介護福祉士の国家試験の実施と登録の事務を行っています。

受験資格のほか、試験に関する詳細については、下記、公益財団法人社会福祉振興・試験センターへ直接お問い合わせください。

公益財団法人社会福祉振興・試験センター
ホームページのURL　▶　http://www.sssc.or.jp/
〒150-0002　東京都渋谷区渋谷1-5-6 SEMPOS（センポス）ビル
(国家試験案内専用電話）03-(3486)-7559（音声案内、24時間対応）
(試験室電話番号）03-(3486)-7521（平日9:30～17:00）

試験のスケジュール〈令和5年度（第36回）実施例〉

受験申込 受付期間	令和5年9月7日（木）～10月6日（金）（消印有効） ※過去の試験（第10回～35回）で、受験票を受け取った者のうち、受験資格が確定している者は、インターネットによる受験申し込みが可能
受験料	19,370円（社会福祉士のみ受験する場合）※1
受験票発送	令和5年12月8日（金）発送
試験日	令和6年2月4日（日）※2
試験地 （24試験地）	北海道、青森県、岩手県、宮城県、埼玉県、千葉県、東京都、神奈川県、新潟県、石川県、岐阜県、愛知県、京都府、大阪府、兵庫県、島根県、岡山県、広島県、香川県、愛媛県、福岡県、熊本県、鹿児島県、沖縄県
合格発表	令和6年3月5日（火）14時

※1　社会福祉士と精神保健福祉士と同時受験する場合36,360円、社会福祉士の共通科目免除により受験する場合16,230円
※2　令和6年度（第37回）の試験日は、令和7年2月上旬予定

試験の概要〈令和6年度（第37回）予定〉

社会福祉士国家試験は、午前の共通科目（12科目）と午後の専門科目（7科目）の合計19科目で行われます。

出題形式はマークシートによる五肢択一を基本とする多肢選択形式で、合計129問が出題されます。

区　分	出題科目	出題数
[共通科目]（12科目）	医学概論	6問
	心理学と心理的支援	6問
	社会学と社会システム	6問
	社会福祉の原理と政策	9問
	社会保障	9問
	権利擁護を支える法制度	6問
	地域福祉と包括的支援体制	9問
	障害者福祉	6問
	刑事司法と福祉	6問
	ソーシャルワークの基盤と専門職	6問
	ソーシャルワークの理論と方法	9問
	社会福祉調査の基礎	6問
[専門科目]（7科目）	高齢者福祉	6問
	児童・家庭福祉	6問
	貧困に対する支援	6問
	保健医療と福祉	6問
	ソーシャルワークの基盤と専門職（専門）	6問
	ソーシャルワークの理論と方法（専門）	9問
	福祉サービスの組織と経営	6問
合　計		129問

共通科目は、精神保健福祉士国家試験と同じものなので、この資格をもっている人が社会福祉士国家試験を受験する場合は受験時の申請により共通科目が免除されます。

CHECK!

左のページの「試験の概要〈令和６年度（第37回）予定〉」は、公益財団法人社会福祉振興・試験センターの「令和６年度（第37回試験）から適用する社会福祉士試験科目別出題基準（予定版）」に公表されている内容です。最新の情報については、viiページに記してあるホームページのURLにアクセスし、確認してください。

◉配点と合格基準

次の2つの条件を満たすことが合格の条件になります。

ア：問題の総得点の60％程度を基準として、問題の難易度で補正した点数以上の得点があった者。

イ：アを満たした者のうち、以下の６科目群（ただし※2に該当する者は２科目群）全てにおいて得点があった者。

❶医学概論、心理学と心理的支援、社会学と社会システム　❷社会福祉の原理と政策、社会保障、権利擁護を支える法制度　❸地域福祉と包括的支援体制、障害者福祉、刑事司法と福祉　❹ソーシャルワークの基盤と専門職、ソーシャルワークの理論と方法、社会福祉調査の基礎　❺高齢者福祉、児童・家庭福祉、貧困に対する支援、保健医療と福祉　❻ソーシャルワークの基盤と専門職（専門）、ソーシャルワークの理論と方法（専門）、福祉サービスの組織と経営

※1　配点は、1問1点の129点満点です。

※2　社会福祉士及び介護福祉士法施行規則第5条の2の規定による試験科目の一部免除を受けた者は、配点は1問1点の45点満点です。

過去の受験者数・合格者数・合格率の推移

	令和元年度（第32回）	令和2年度（第33回）	令和3年度（第34回）	令和4年度（第35回）	令和5年度（第36回）
受験者数	39,629人	35,287人	34,563人	36,974人	34,539人
合格者数	11,612人	10,333人	10,742人	16,338人	20,050人
合格率	29.3%	29.3%	31.1%	44.2%	58.1%

目　次

新旧試験科目の読み替えについて

2025年２月実施予定の第37回国家試験は、新しい社会福祉士養成カリキュラムに基づき、試験科目も変更となりますが、旧養成カリキュラム、旧試験科目で学習してこられた方も本書を手に取っておられることと存じます。新国家出題基準で追加された項目もありますが､ほとんどの内容は継承されています。新旧試験科目の対応を以下に示しますので､参考にして学習を進めてください。

	【新科目名】		【旧科目名】
共通科目	医学概論	←	人体の構造と機能及び疾病
	心理学と心理的支援	←	心理学理論と心理的支援
	社会学と社会システム	←	社会理論と社会システム
	社会福祉の原理と政策	←	現代社会と福祉
	社会保障	←	社会保障
	権利擁護を支える法制度	←	権利擁護と成年後見制度
	地域福祉と包括的支援体制	←	地域福祉の理論と方法＋福祉行財政と福祉計画
	障害者福祉	←	障害者に対する支援と障害者自立支援制度
	刑事司法と福祉	←	更生保護制度（旧専門科目）
	ソーシャルワークの基盤と専門職	←	相談援助の基盤と専門職（旧専門科目）
	ソーシャルワークの理論と方法	←	相談援助の理論と方法（旧専門科目）
	社会福祉調査の基礎	←	社会調査の基礎（旧専門科目）
専門科目	高齢者福祉	←	高齢者に対する支援と介護保険制度
	児童・家庭福祉	←	児童や家庭に対する支援と児童・家庭福祉制度
	貧困に対する支援	←	低所得者に対する支援と生活保護制度（旧共通科目）
	保健医療と福祉	←	保健医療サービス（旧共通科目）
	ソーシャルワークの基盤と専門職（専門）	←	相談援助の基盤と専門職（共通科目と専門科目に分散）
	ソーシャルワークの理論と方法（専門）	←	相談援助の理論と方法（共通科目と専門科目に分散）
	福祉サービスの組織と経営	←	福祉サービスの組織と経営

出題基準の変更とともに、合格基準も変更になっています。第36回国家試験までは、18の科目群（就労支援サービスと更生保護制度を合わせて１科目群とカウント）で、必ず得点することが条件でした。そのため、合格基準点をクリアしていても、０点科目があると不合格でしたが、第37回試験からは６科目群となり、大幅に緩和されました。出題数も150問から129問に減少しています。苦手科目を克服することはもちろん大切ですが、得意科目を伸ばして得点を稼ぐことも合格に近づく１つの方法です。

※本書は、2024年３月末現在の施行法令等に基づいて編集しております。最新の試験情報については社会福祉振興・試験センターのホームページ（http://www.sssc.or.jp/）を、その他の制度改正情報についてはTAC 出版ホームページ「正誤表・法改正情報」（https://bookstore.tac-school.co.jp/err_res/）にてご確認ください。

1

医学概論

ココ!確認 ポイント・チェック!

スキャモンの発育曲線

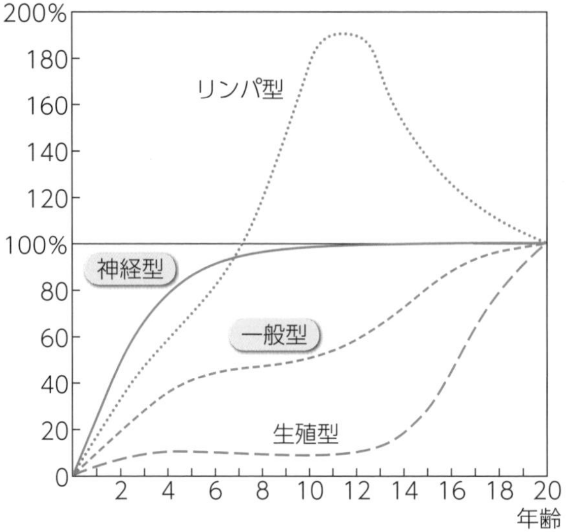

「一般型」に属する身長、体重、心臓、筋肉は、生後から成人まで緩やかなS字カーブを描いて成長する。「神経型」に属する脳や感覚器官は、乳幼児期に急速に発達する。

脳の機能

大脳	前頭葉、頭頂葉、後頭葉、側頭葉で構成されている。表面皮質には、運動や言語、思考などをつかさどる中枢が配置されている。大脳皮質の左右後頭葉には、視覚中枢があり、前頭葉の下部には、言語中枢がある
脳幹	上部から中脳、橋、延髄の順で構成されており、心臓中枢や呼吸中枢などがある
小脳	橋や延髄の後ろに位置しており、平衡・筋緊張・随意筋運動の調節などを司り、体のバランスを保つ機能がある

眼の機能

虹彩	瞳孔の大きさを調節し、網膜に入る光量を調節する機能がある
角膜	目に光を取り入れる機能がある
網膜	視覚的な映像を神経信号に変換する機能がある
水晶体	眼球における屈折力の一部を担っている

肺循環と体循環

肺循環	右心室→肺動脈（血管内は静脈血）→肺の毛細血管→肺静脈（血管内は動脈血）→左心房
体循環	左心室→動脈→全身の毛細血管→静脈→右心房

交感神経と副交感神経の機能

	交感神経優位（緊張時）	副交感神経優位（リラックス時）
眼	瞳孔散大	瞳孔縮小
呼吸	気管支拡張、呼吸が速くなる	気管支縮小、呼吸がゆっくりになる
心臓	心拍数増加	心拍数減少
血圧	上昇	低下
消化管	消化運動抑制	消化運動亢進

ICFの構成要素間の相互作用

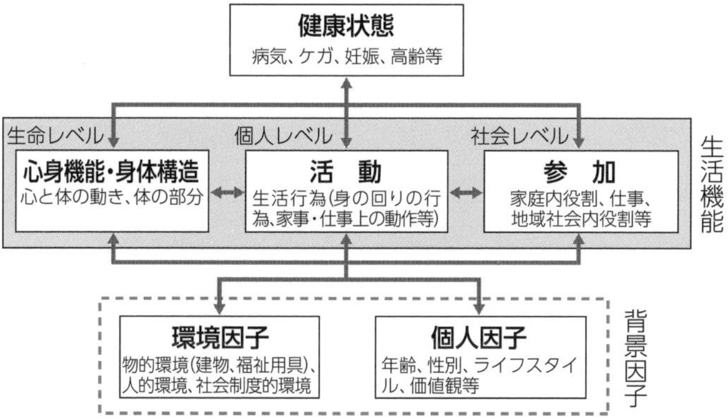

■ 代表的な認知症原因疾患の特徴

アルツハイマー型認知症	・記憶障害や人格変化などがみられる ・脳の萎縮や脳溝の拡大が認められる ・女性に多くみられる ・症状は緩やかに進行する
脳血管性認知症	・梗塞巣が認められる ・嚥下障害を合併する場合が多い ・男性に多くみられる ・症状にバラツキやムラがあるまだら認知症が特徴的である ・感情をコントロールすることがうまくできず、喜びや怒りなどの感情が簡単に多く出て、自分の意思では抑えられない状態になる感情失禁（情動失禁）がみられやすい
レビー小体型認知症	・見当識障害、記憶障害、幻視・幻聴、パーキンソン症状などがみられる ・幻視は、具体的かつ鮮明である ・症状の程度には、日内変動がみられる
前頭側頭型認知症	・前頭葉と側頭葉に限定した局所性の脳萎縮が認められる ・人格変化、行動異常、自制力低下、感情鈍麻などがみられる ・初期段階では、知的機能は維持される傾向にある
クロイツフェルト・ヤコブ病	・行動異常、性格変化、視覚異常、認知症症状などがみられる ・認知症症状は、数か月間で急速に進行し、けいれん発作（ミオクローヌス）を生じる ・発症後、おおむね半年程度で自力運動が困難となり、寝たきりになる
慢性硬膜下血腫	・頭部外傷後１～２か月後に認知機能障害が出現した場合は、慢性硬膜下血腫の可能性がある ・慢性硬膜下血腫による認知機能障害は、血腫除去手術によって回復が期待できる
正常圧水頭症	・脳室内に脳脊髄液が貯留する特徴がある ・シャント手術などによって改善がのぞめる

高次脳機能障害でみられる症状

遂行機能障害	自分で日常生活や仕事について計画を立てても実行できない
社会的行動障害	依存傾向や固執性などがある
注意障害	同時に 2 つ以上のことをしようとすると混乱する
半側空間無視	患側の空間に注意を欠き、転倒しやすい

精神疾患の診断・統計マニュアル (DSM-5) のポイント

・アメリカ精神医学会（APA）が作成した
・「DSM-Ⅳ（DSM-Ⅳ-TR)」の改訂版として、2013（平成25）年に発表した
・多軸診断システムを廃止し、多元的診断を採用した
・診断の一致率を高めるために操作的診断基準を採用している
・従来の自閉症やアスペルガー症候群などの広汎性発達障害を連続的にとらえた概念の名称である自閉症スペクトラム症という用語を用いた
・従来の気分障害は、双極性障害及び関連障害群と、抑うつ障害群に区分した
・従来の学習障害は限局性学習症に、注意欠陥多動性障害は注意欠如・多動症に名称変更した

DSM-5における統合失調症の診断基準

・持続的な徴候が少なくとも 6 か月間存在すること
・妄想、幻覚、まとまりのない発語、ひどくまとまりのない行動、陰性症状のうち 2 つ以上が 1 か月ほとんど常に存在すること

DSM-5における神経性やせ症／神経性無食欲症の診断基準

・必要量と比べてカロリー摂取を制限し、年齢、性別、成長曲線、身体的健康状態に対する有意に低い体重※に至ること
・有意に低い体重であるにもかかわらず、体重増加または肥満になることに対する強い恐怖、または体重増加を妨げる持続した行動があること
・自分の体重または体型の体験の仕方における障害、自己評価に対する体重や体型の不相応な影響、または現在の低体重の深刻さに対する認識の持続的欠如

※有意に低い体重…正常の下限を下回る体重で、子どもまたは青年の場合は、期待されている最低体重を下回ると定義される。

一問一答 ＋穴埋めドリル！

1 人の成長と発達

Q 001 □□
器官が形成され始めるのは、受精後〔　〕週以降が標準である。

Q 002 □□
脳の重量は、4～6歳で成人のおよそ〔　　〕%を超える。

Q 003 □□
人の成長において、寝返りが打てるようになるのは、生後〔　〕か月頃である。

Q 004 □□
標準的な身体の成長と発達として、生後〔　　　〕頃までに首がすわる。

Q 005 □□
標準的な身体の成長と発達として、生後〔　　　　〕頃までに一人で歩くことができる。

Q 006 □□
身長が出生時の約〔　〕倍になるのは、3～4歳が標準となっている。

Q 007 □□
思春期には、第〔　〕次性徴が出現する。

Q 008 □□
スキャモンの発達・発育曲線は、人の誕生から成熟期までの標準的な成長・発達を、一般型（全身型）、〔　　　〕型、神経型、生殖型の4つのパターンに分類して表している図である。

Q 009 □□
体重に占める水分の割合は、加齢に伴って〔　　〕する。

A 001
3

器官が形成され始めるのは受精後3週以降である。それ以降8週程度までを器官形成期という。

A 002
90

脳や感覚器官などの神経系は、人体のなかでもいち早く発達するものであり、脳の重量は、4～6歳で成人のおよそ90％を超える。

A 003
5

生後5か月頃になると、寝返りが打てるようになる。

A 004
4か月

首がすわる標準的な時期は、生後4か月頃までである。

A 005
18か月

座位保持ができる標準的な時期は生後7か月頃からであり、一人で歩くことができる標準的な時期は、生後12～18か月頃である。

A 006
2

身長が出生時の約2倍になるのは3～4歳が標準である。

A 007
二

男女の性差による生殖器の特徴のことで出生時からみられるものが第一次性徴であり、思春期になると、生殖器以外の身体部分にみられる男女の特徴である第二次性徴が出現する。

A 008
リンパ

スキャモンの発達・発育曲線は、20歳時点での発育を100％としたときの成長パターンを、一般型（全身型）、リンパ型、神経型、生殖型の4つのパターンに分類して表している図である。

A 009
減少

体重に占める水分の割合は、加齢に伴って減少する傾向にあり、皮膚の乾燥や脱水を生じやすくなる。

Q 010 収縮期血圧と拡張期血圧の差は、加齢に伴って〔　　　〕する。
□□

Q 011 肺の残気量は、加齢に伴い〔　　　〕する。
□□

Q 012 聴力は、加齢に伴って〔　　　〕音域から低下する。
□□

Q 013 流動性知能は、加齢に伴い〔　　　〕する。
□□

2 人体構造

Q 014 脳幹は、上部から〔　　　〕・〔　〕・延髄の順で並んでいる。
□□

Q 015 大脳の〔　　　〕葉は、視覚に関わる。
□□

Q 016 副交感神経は、消化管の運動を〔　　　〕する。
□□

Q 017 左肺は、〔　　　〕、〔　　　〕の2つの肺葉からなる。
□□

Q 018 大腸は、〔　　　〕、結腸、直腸に分けられる。
□□

Q 019 肺と左心房をつなぐのは、〔　　　〕脈である。
□□

A 010 拡大
加齢に伴って収縮期血圧は上昇し、拡張期血圧は低下するので、収縮期血圧と拡張期血圧の差は拡大する。

A 011 増加
加齢に伴い肺活量が低下し、換気能力も低下することにより肺の残気量（息を吐いた後に肺に残っている空気の量）は増加する。

A 012 高周波
聴力は、加齢に伴って高周波音域から低下するため、高音域（甲高い声など）が聞き取りにくくなる。

A 013 低下
流動性知能は、加齢の影響を受け低下する傾向にある。一方、結晶性知能は、加齢の影響を受けにくいため、維持される傾向にある。

A 014 中脳 橋
脳幹は、上部から中脳・橋・延髄の順で並んでいる。

A 015 後頭
視覚に関わるのは、大脳の後頭葉である。聴覚に関わるのは、大脳の側頭葉である。

A 016 亢進
自律神経は、交感神経と副交感神経に分けられる。リラックスしている場合には、副交感神経が優位に働き、消化管の運動を亢進する。緊張時には、交感神経が優位に働く。

A 017 上葉 下葉
左肺は、上葉、下葉の２つの肺葉、右肺は、上葉、中葉、下葉の３つの肺葉からなる。

A 018 盲腸
結腸は、さらに横行結腸、上行結腸、下行結腸、S状結腸の４つに細分化できる。

A 019 肺静
肺と左心房をつなぐのは、肺静脈である。

Q 020 □□ 血液は、〔　　　〕脈から肺に流れる。

Q 021 □□ 肺静脈には〔　　　〕血が流れる。

Q 022 □□ ランゲルハンス細胞のうち、〔　　　　　　〕を分泌する細胞をα細胞という。

Q 023 □□ 眼球の外層にある白目の部分は〔　　　〕である。

Q 024 □□ 三半規管は、前半規管、〔　　　　〕規管、後半規管の総称である。

Q 025 □□ 嚥下時は、〔　　　　〕が閉まることによって誤嚥を防止している。

3 高齢者に多くみられる疾患・症状

Q 026 □□ 踵部の褥瘡は、〔　　　〕位で起こる。

Q 027 □□ フレイルは、高齢のため〔　　　〕や活動が低下している状態である。

Q 028 □□ 高齢者の気管支喘息では、感染型（非アトピー型）よりもアレルギー型（アトピー型）の方が〔　　　　〕。

Q 029 □□ 高血圧の診断基準は、収縮期（最高）血圧〔　　　　〕mmHg以上あるいは拡張期（最低）血圧〔　　　〕mmHg以上である。

A 020 肺動
血液は、肺動脈から肺に流れる。なお、肺を通る血液の循環を肺循環という。

A 021 動脈
肺静脈には動脈血が流れる。血液は、肺から肺静脈を経由して左心房に流入する。

A 022 グルカゴン
ランゲルハンス細胞のうち、グルカゴンを分泌する細胞をα細胞といい、インスリンを分泌する細胞をβ細胞という。

A 023 強膜
眼球の外層にある白目の部分は強膜、黒目の部分が角膜である。

A 024 外側半
三半規管は、内耳に位置している。

A 025 喉頭蓋
嚥下時は、喉頭蓋が閉まることによって誤嚥を防止している。

A 026 仰臥
仰臥位での褥瘡の好発部位には、踵部（かかと）のほか、仙骨部、肩甲骨部、後頭部などがある。

A 027 筋力
フレイル（虚弱）は、老年症候群の1つであり、高齢のため筋力や活動が低下している状態である。

A 028 少ない
気管支喘息は、若年層では、感染型よりもアレルギー型の方が多くみられるが、加齢に伴い、アレルギー型よりも感染型の方が多くみられるようになる。

A 029 140 90
高血圧の診断基準は、収縮期（最高）血圧140mmHg以上あるいは拡張期（最低）血圧90mmHg以上である。

Q 030
□□
糖尿病のうち、発症に生活習慣の関与が強いのは、〔　〕型糖尿病である。

Q 031
□□
2022（令和4）年における、がん（悪性新生物）の主な部位別にみた死亡数で女性の第1位は、〔　　〕がんである。

Q 032
□□
起立性低血圧に対しては、血管〔　　〕薬による薬物療法によって改善を図る。

Q 033
□□
関節リウマチでみられる手指のこわばりは、〔　〕方に多い。

Q 034
□□
変形性関節症の中で最も多いのは、変形性〔　〕関節症である。

Q 035
□□
パーキンソン病は、脳内のドーパミンが〔　　〕して発症する。

Q 036
□□
白内障は、〔　　　〕が混濁してものが見えにくくなる。

Q 037
□□
緑内障は〔　　〕が上がって視野障害を来す。

Q 038
□□
高次脳機能障害の症状の1つに、外傷性脳損傷による注意力の〔　　〕がある。

Q 039
□□
アルツハイマー型認知症では、〔　　　〕以降に失禁がみられやすい。

A 030
2

糖尿病のうち、発症に生活習慣の関与が強いのは、2型糖尿病である。

A 031
大腸

「令和4年（2022）人口動態統計（確定数）の概況」（厚生労働省）によると、大腸（結腸と直腸の合計）がんは、がんの部位別による死亡数で女性の部位別死亡数第1位となっている。なお、男性では第2位、男女合わせた全体でも第2位となっている。

A 032
収縮

起立性低血圧が認められた場合には、通常、血管収縮薬が処方される。なお、血管拡張薬の服用は、起立性低血圧の原因になり得るものである。

A 033
朝

関節リウマチでは、起床時に1時間以上続く朝のこわばりがみられる。進行すると関節の痛みや腫れから関節の変形をきたす。

A 034
膝

変形性膝関節症は、中年期以降の肥満した女性に多くみられ、歩行時や立ち上がったりしたときなど、膝を動かしたときの痛み、関節可動域の制限などが現れる。

A 035
減少

パーキンソン病は、中脳（姿勢保持の中枢）の黒質に異常が起こり、神経伝達物質ドーパミンの産生量が減少することで、発症する。

A 036
水晶体

白内障は、糖尿病、先天性、老化現象などによる水晶体の白濁が原因で発症する。

A 037
眼圧

緑内障は、眼圧の上昇による視神経の障害が原因で視野障害を来す。

A 038
低下

高次脳機能障害は、脳に損傷を負うことにより出現する障害により日常生活や社会生活に制約が生じる状態であり、注意力の低下、記憶力の低下などの症状が現れる。

A 039
中等度

アルツハイマー型認知症の場合、初期では見当識障害、もの盗られ妄想、実行機能障害などがみられ、中等度以降に失禁が見られる傾向にある。

Q 040 □□
アルツハイマー型認知症の有病率を性別でみると、〔　〕性の方が多くなっている。

Q 041 □□
脳血管性認知症は、糖尿病、脂質異常症、高血圧などの〔　　　　　〕が原因となっていることが多い。

Q 042 □□
脳血管性認知症では、〔　　　〕失禁がみられる。

Q 043 □□
脳血管性認知症の特徴的な症状として、〔　　　　　〕認知症が挙げられる。

Q 044 □□
慢性硬膜下血腫による認知機能障害は、〔　　　〕を除去することで回復が期待できる。

Q 045 □□
レビー小体型認知症は、鮮明な〔　　　〕が特徴的で、払いのけたり、逃げるような動作を伴う。

Q 046 □□
レビー小体型認知症におけるレビー小体は主に〔　　　〕細胞に蓄積する。

Q 047 □□
前頭側頭型認知症は、前頭葉や側頭葉に局所性の〔　　　　〕が認められる進行性疾患である。

Q 048 □□
前頭側頭型認知症では、同じ行動を繰り返す〔　　　　　〕がみられる。

A 040 女

アルツハイマー型認知症の有病率を性別でみると、男性に比べ女性に多くみられる。一方、脳血管性認知症は、女性に比べ男性に多くみられる。

A 041 生活習慣病

脳血管性認知症は、生活習慣病が原因となることが多い。そのため、生活習慣病の予防を図ることは、血管性認知症の予防にもつながる。

A 042 情動（感情）

脳血管性認知症では、些細なことで涙を流したり、怒ったりする情動失禁がみられる。

A 043 まだら

脳血管性認知症の特徴的な症状として、症状にバラツキやムラがみられるまだら認知症や、感情をうまくコントロールできず、抑えられない状態になる感情失禁が挙げられる。

A 044 血腫

慢性硬膜下血腫による認知機能障害は、血腫除去手術によって、回復が期待できる。

A 045 幻視

レビー小体型認知症でみられる幻視は、具体的かつ鮮明であるという特徴があるため、払いのけたり、逃げるような動作を伴うことも少なくない。

A 046 神経

レビー小体は、脳や末梢神経の神経細胞に蓄積するものである。

A 047 脳萎縮

前頭側頭型認知症では、人格変化が顕著にみられる。

A 048 常同行動

前頭側頭型認知症では、常同行動のほか、記憶障害、言語障害などもみられる。常同行動に対しては、本人と周囲の人が納得できる生活習慣を確立するなどの対応が望まれる。

---

4 健康の概念

Q 049 □□
WHO憲章では、健康を「健康とは、完全な肉体的、精神的及び〔　　　　　〕（ウェルビーイング）の状態であり、単に疾病または病弱の存在しないことではない。」と定義している。

Q 050 □□
プライマリ・ヘルスケアは、1978年にWHOとユニセフにより開催された国際会議で採択された〔　　　　　　〕宣言で提唱された。

Q 051 □□
ヘルスプロモーションは、1986年にWHOの第１回健康促進会議で採択された〔　　　　〕憲章で提唱された。

Q 052 □□
ワクチン接種は、〔　〕次予防である。

Q 053 □□
「健康日本21（第三次）」の基本的方向は、〔　　　　　〕の延伸である。

5 国際生活機能分類（ICF）

Q 054 □□
国際障害分類（〔　　　　　〕）は、病気やその他の健康状態を病因論的な枠組みに立って分類したものである。

Q 055 □□
国際障害分類では「障害」を「機能障害」「能力障害」「〔　　　　　〕」の３レベルに分類した。

Q 056 □□
国際生活機能分類（ICF）における生活機能は、心身機能・身体構造、活動、〔　　〕の３つで構成される。

A 049
社会的福祉

WHO憲章では、健康を「健康とは、完全な肉体的、精神的及び社会的福祉（ウェルビーイング）の状態であり、単に疾病または病弱の存在しないことではない。」と定義している。

A 050
アルマ・アタ

アルマ・アタ宣言で提唱されたプライマリ・ヘルスケアは、全ての人にとって健康を基本的な人権として認め、その達成の過程において、住民の主体的な参加や自己決定権を保障する理念であり、方法・アプローチでもあるとしている。

A 051
オタワ

オタワ憲章で提唱されたヘルスプロモーションは、新しい健康観に基づく健康戦略で、人々が自らの健康とその決定要因をコントロールし、改善することができるようにするプロセスと定義されている。

A 052
ー

疾病の予防には、一次予防（健康増進と疾病の発症そのものを予防）、二次予防（疾病の早期発見）、三次予防（疾病の治療と回復）がある。

A 053
健康寿命

健康寿命とは、2000年にWHOが提唱した概念で、健康上の問題で日常生活が制限されることなく、自立した生活ができる期間と定義される。

A 054
ICIDH

病気やその他の健康状態を病因論的な枠組みに立って分類したものは、国際障害分類（ICIDH）である。

A 055
社会的不利

国際障害分類（ICIDH）では、「障害」をマイナス的側面であるととらえ、「機能障害」「能力障害」「社会的不利」の3レベルに分類した。

A 056
参加

国際生活機能分類（ICF）における生活機能は、心身機能・身体構造、活動、参加で構成される。

Q 057
□□
国際生活機能分類（ICF）における〔　　〕とは、生活や人生場面への関わりのことである。

Q 058
□□
国際生活機能分類（ICF）における〔　　　　〕とは、個人が活動を行うときに生じる難しさのことである。

Q 059
□□
民族は、背景因子の〔　　〕因子に含まれる。

Q 060
□□
親友は、背景因子の〔　　〕因子に含まれる。

---

6 精神疾患の診断・統計マニュアル（DSM-5）

Q 061
□□
精神疾患の診断・統計マニュアル（DSM-5）を作成したのは〔　　　　　　　　〕（APA）である。

Q 062
□□
精神疾患の診断・統計マニュアル（ＤＳＭ－５）において、注意欠如・多動症（ADHD）は、「神経発達症群/〔　　　〕群」に分類される。

Q 063
□□
精神疾患の診断・統計マニュアル（DSM-5）における自閉スペクトラム症（ASD）の診断基準の１つに同一性への〔　〕がある。

Q 064
□□
精神疾患の診断・統計マニュアル（DSM-5）における「神経性〔　　　〕／神経性無食欲症」の診断基準に、過食を生じるタイプがあると示されている。

A 057 参加

生活や人生場面への関わりは、参加である。一方、活動とは、個人による課題や行為の遂行のことで、能力（できる活動）と実行状況（している活動）で評価される。

A 058 活動制限

個人が活動を行うときに生じる難しさのことは、活動制限である。なお、個人が何らかの生活・人生場面に関わるときに経験する難しさのことを参加制約という。

A 059 個人

個人因子は、生活機能や障害への内的影響を意味するものであり、生活習慣、性別、民族、生活歴などが含まれる。

A 060 環境

環境因子は、生活機能や障害への外的影響を意味するものであり、家族、親友、地域住民、介護サービスなどが含まれる。

A 061 アメリカ精神医学会

精神疾患の診断・統計マニュアル（DSM-5）を作成したのは、アメリカ精神医学会（APA）である。

A 062 神経発達障害

「神経発達症群/神経発達障害群」の中には、①知的能力障害群（知的障害）、②コミュニケーション障害群、③自閉スペクトラム症／自閉症スペクトラム障害（ASD）、④注意欠如・多動症／注意欠如・多動性障害（ADHD）、⑤限局性学習症／限局性学習障害（SLD）、⑥運動症群／運動障害群（発達性協調運動障害、チックなど）、⑦他の神経発達症群／他の神経発達障害群の7つの発達障害が分類されている。

A 063 固執

同一性への固執は、DSM-5における自閉スペクトラム症の診断基準のうちの「行動、興味、または活動の限定された反復的な様式」の1つに含まれている。

A 064 やせ症

DSM-5における「神経性やせ症／神経性無食欲症」の診断基準には、症状の類型として、過食を生じるタイプや、過食と排出行動を繰り返すタイプ（過食／排出型）があると示されている。

Q 065 □□ まとまりのない発語は、精神疾患の診断・統計マニュアル（DSM-5）において、〔　　　　〕と診断するための5つの症状に含まれる。

Q 066 □□ 精神疾患の診断・統計マニュアル（DSM-5）では、〔　　　〕障害・うつ病性障害の大うつ病性障害エピソードの症状として、不眠または過眠などを挙げている。

7 リハビリテーション

Q 067 □□ 医学的リハビリテーションは、疾病や障害の急性期、回復期、〔　　　〕（生活期）を通して行われる。

Q 068 □□ 障害児・者の能力を向上させ、潜在能力を開発し、自己実現を図れるように支援することを目的に行われるリハビリテーションを〔　　　〕リハビリテーションという。

Q 069 □□ 理学療法士及び作業療法士法において、理学療法とは、「身体に障害がある者に対し、主としてその〔　　　　〕の回復を図るため、治療体操その他の運動を行わせ、及び電気刺激、マッサージ、温熱その他の物理的手段を加えることをいう」と定義されている。

Q 070 □□ 理学療法士及び作業療法士法において、作業療法とは、「身体又は精神に障害のある者に対し、主として、その応用的動作能力、または〔　　　　〕の回復を図るため、手芸・工芸その他の作業を行わせることをいう」と定義されている。

Q 071 □□ 嚥下障害のリハビリテーションは〔　　　〕士が行う。

A 065
統合失調症

DSM-5では、統合失調症と診断するための5つの症状として、妄想、幻覚、まとまりのない発語、ひどくまとまりのない行動、陰性症状を挙げている。

A 066
抑うつ

DSM-5では、抑うつ障害・うつ病性障害の大うつ病性障害エピソードの症状として、抑うつ気分、不眠または過眠などを挙げている。

A 067
維持期

医学的リハビリテーションは、疾病や障害の急性期、回復期、維持期（生活期）を通して、医学的な面から再発防止、予防に取り組む。疾病や障害の発生直後から実施され、意識障害があっても行われることがある。理学療法、作業療法、装具療法、言語療法などがある。

A 068
教育的

教育的リハビリテーションは、障害児の場合、医学的リハビリテーションと並行して行われるもので、障害者教育、特殊教育などがある。中途障害者に対しても、更生援護施設、自立生活センターなどで行われる。

A 069
基本的動作能力

理学療法士及び作業療法士法において、理学療法とは、「身体に障害がある者に対し、主としてその基本的動作能力の回復を図るため、治療体操その他の運動を行わせ、及び電気刺激、マッサージ、温熱その他の物理的手段を加えることをいう」と定義されている。

A 070
社会的適応力

理学療法士及び作業療法士法において、作業療法とは、「身体又は精神に障害のある者に対し、主として、その応用的動作能力、または社会的適応力の回復を図るため、手芸・工芸その他の作業を行わせることをいう」と定義されている。

A 071
言語聴覚

言語聴覚士は、音声機能、言語機能または聴覚に障害のある者に対して、言語訓練や嚥下訓練その他の訓練や人工内耳の調整、これに必要な検査および助言、指導などを行う専門職である。

2

心理学と心理的支援

ココ!確認　ポイント・チェック!

マズローの「欲求階層説」のポイント

A.H.マズローは、欲求階層説（5段階説）を提唱し、段階的により**高次の欲求充足**に向け、**動機づけ**が行われていくものとした。下層から❶生理的欲求、❷安全・安定の欲求、❸所属と愛情の欲求、❹承認・自尊の欲求、❺自己実現の欲求である。第1～4層までの欲求は**欠乏欲求**、自己実現の欲求は**成長欲求**とも呼ばれている。

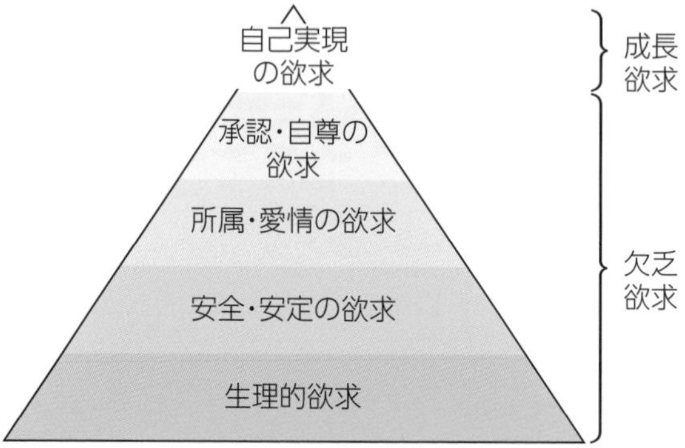

代表的な知覚・感覚

暗順応	明るい所から暗い所に移って徐々に目が慣れる働き
明順応	暗い所から明るい所に移って徐々に目が慣れる働き
知覚の恒常性	見る方向や距離などによって、網膜に映る対象は変化するが、同じものとして知覚される働き
錯視	刺激の知覚が物理的な特徴と著しく異なる状態
馴化	同一の刺激を繰り返すことにより、その刺激に対する反応が段階的に低下していく現象

感情の主な種類

情動・情緒	生理的な反応を伴い、急激に生起してすぐに消失（怒りなど）
気分	生起した原因は曖昧であり、一定で、長時間持続
情操	芸術、文化などの学習を通して獲得し、持続的

記憶のポイント

感覚記憶	視覚などの**瞬間的**な記憶で、保持時間は数秒間以下
短期記憶	数秒～数分間保持される
長期記憶	記憶容量は無限大で、繰り返し想起（再生）されれば、永続性が高い ・**意味記憶**：一般的な知識に関する記憶 ・**自伝的記憶**：強い感情や自分自身にとって関係の深い出来事についての個人的な記憶で、アイデンティティと密接な関わりをもつ ・**手続き記憶**：スキーやテニス、自転車の乗り方など、いわゆるからだで覚える記憶 ・**展望的記憶**：人と会う約束の時間など、未来に行う行為に関する記憶

発達をめぐる理論のポイント

ピアジェ	人の心理的発達（認知や思考の発達）を4つの段階（感覚運動期、前操作期、具体的操作期、形式的操作期）に区分した
ボウルビィ	アタッチメント（愛着）理論の提唱者
ヴィゴツキー	発達の最近接領域に働きかける教育が、子どもの知的発達に有効であるとした
エリクソン	人の一生（ライフサイクル）を8つの時期に分け、各発達段階には達成すべき発達課題と、課題が十分達成されない場合の**心理的危機**を仮定した

4つのアイデンティティ・ステイタス

確立**状態** （アイデンティティ達成）	危機を経験し、主体的に自分の人生を選択して歩んでいる状態
早期完了**状態**	危機を経験していないにもかかわらず、主体的に自分の人生の選択をしているため、一見するとアイデンティティが確立されているようにみえる状態のこと（傾倒だけができている）
モラトリアム**状態**	主体的に自分の人生の選択をするため（傾倒しようとしている）に、危機を経験している最中
拡散**状態** （アイデンティティ拡散）	危機の経験の有無にかかわらず、自分の人生の選択を主体的にできていない状態（傾倒ができていない）

セリエが提唱したストレスの概念

定義	外界のあらゆる要求によってもたらされる身体の非特異的反応
分類	ストレスの状態によって警告反応期、抵抗期、疲弊期の3段階に分類した

コーピング（対処行動）の種類

問題焦点型コーピング	ストレッサーとなっている状況を変えていこうとする方法
情動焦点型コーピング	ストレッサーによってもたされる情動をコントロールしていく方法

適応機制（防衛機制）の種類とポイント

逃避	不快な緊張場面から逃げ出すことで、消極的に自己の安定を図る
退行	欲求不満になったとき、実際の成長発達の過程より未熟で幼稚な行動をとる
反動形成	本心とは正反対の行動をとることにより、本当の自分を隠そうとする
置き換え	受け入れがたい欲求等をより受け入れやすい別の対象に置き換えることで充足する
抑圧	自分に都合の悪い欲求や感情を無理に抑えつけ、一時的に心理的安定を図る
投影（投射）	自分の認めたくない欲求や感情を他人のなかに見出し、非難・攻撃する
昇華	充足されない非社会的な欲求を、スポーツ、芸術など社会的に承認される行動へ高め、解消する
補償	身体などに劣等感情があるとき、それを積極的に優越感情に変えようと努力する
合理化	都合のよい理由で考えを正当化したり、自己弁護したりする
同一化（同一視）	自分にとって対象の望ましい属性を自己と同じものと見なすことで一体感を得る
取り入れ	他者の中にある価値観、感情、特性などが自分の内部にもあるととらえ、受け入れる

主な人格検査のポイント

質問紙法	YG性格検査 （矢田部・ギルフォード性格検査）	・12の人格特性に関係する各10項目の質問（全120問） ・代表的な性格特徴を５つのタイプに分類 →A型：平均型、B型：情緒不安定、活動積極型、C型：情緒安定、活動消極型、D型：情緒安定、活動積極型、E型：情緒不安定、活動消極型 ・集団でも実施可能
	日本版MMPI （ミネソタ多面人格目録）	・アメリカのミネソタ大学で開発されたものが日本で標準化されたもの ・対象年齢は15歳から成人であり、質問項目が550と非常に多いのが特徴 ・抑うつ、心気症などの人格的、社会的不適応の種別と程度を尺度により客観的に判定することで、人格特徴を多角的に捉えることができる
	新版TEG-Ⅱ （東大式エゴグラム ver.Ⅱ）	・交流分析理論を基にして、東京大学医学部心療内科TEG研究会が作成した ・質問項目は53あり、結果を５つの自我状態（批判的な親〈CP〉、養育的な親〈NP〉、大人〈A〉、自由な子ども〈FC〉、順応した子ども〈AC〉）に分け、そのグラフのパターンから性格を診断する
	日本版CMI （日本版コーネル・メディカル・インデックス）	・心身両面にわたる自覚症状を測定 ・比較的短時間で自覚症状を把握することができ、病院などでも初診時のスクリーニングテストとして活用される
投影法	ロールシャッハテスト	左右対称のインクの染みの図版から何が見えたか反応を聞くことで被検者の内面を分析する方法
	TAT （絵画・主題統覚検査）	・さまざまな見方のできる人物によるいろいろな場面が描かれた絵を見せて、自由に物語を作らせ、隠れた欲求やコンプレックスを明らかにして人格特徴を分析する方法 ・幼児・児童用のCAT（幼児・児童用絵画統覚検査）もある ・CATは擬人化された動物が描かれている

	SCT（文章完成法検査）	短い刺激語の後に自由に言葉を補い文章を完成させ、性格や価値観などを分析する方法
	バウム・テスト	A4判の白紙に「1本の実のなる木」の絵を描かせることで、性格や欲求を分析する方法
	P-Fスタディ（絵画欲求不満検査）	欲求不満を想起させる場面が描かれた絵を見て思うことを書かせ、その反応を攻撃方向と自我状態について分類し、人格を評価する方法
作業法	内田・クレペリン精神作業検査	連続可算作業（1けたの足し算）を行い、作業量の推移などから作業能力や心理的特性などを分析する方法

主な知能検査のポイント

ビネー式知能検査	ビネーとシモンによって開発され、精神年齢（MA）によって知能水準を測定する	
	スタンフォード・ビネー式知能検査	・アメリカ人向けに標準化されたもの ・精神年齢と生活年齢（CA）の比による知能指数（IQ）という概念が導入された
	田中・ビネー式知能検査	・日本人向けに標準化されたもの ・難易度順の問題をどこまで正答できるかによって精神年齢を算出し、知能指数を計算する方法 IQ＝精神年齢（MA）/生活年齢（CA）×100
ウェクスラー式知能検査	ウェクスラーが開発。偏差知能指数を算出することで集団のなかでの個人の知能水準がわかるようになった。また、言語性IQや動作性IQなども測定できる	
	WPPSI（ウィプシ）幼児用知能検査	・幼児（2歳6か月～7歳3か月）が対象（WPPSI-Ⅲの場合） ・全検査IQ、言語性IQ、動作性IQを測定できる
	WISC（ウィスク）児童用知能検査	・児童（5～16歳11か月）が対象（WISC-IVの場合） ・全検査IQに加えて、言語理解、知覚推理、作動記憶、処理速度の4つの能力の測定ができる
	WAIS（ウェイス）成人用知能検査	・成人から高齢者（16～90歳11か月）が対象（WAIS-Ⅳの場合） ・全検査IQ、言語性IQ、動作性IQに加えて、言語理解、知覚推理、作動記憶、処理速度の4つの能力を測定できる

各種心理療法のポイント

精神分析	提唱者フロイト。抑圧された感情を**意識化**させていく作業を通して症状の改善を目指す。心の構造をエス（イド：本能衝動）、自我（エゴ:エスと超自我の間を調整）、超自我（スーパーエゴ:倫理的・良心的な心の働き）の3つに区分
行動療法	特定の好ましくない症状や行動を**明確化**し、新たな行動を学習したり修正を行う
心理劇	提唱者モレノ。集団における役割演技という**即興劇**を通し、個人の創造的自発性の発展を目的として行われる集団心理療法。サイコドラマとも呼ばれる
遊戯療法	遊戯室で**セラピスト**が子どもとのさまざまな遊びを通して行う心理療法。プレイセラピーとも呼ばれる
森田療法	**森田正馬**が創始した神経症の精神療法。「あるがまま」の言葉には「**症状受容**」と「**生の欲望の発揮**」の側面があるといわれている
箱庭療法	保護された空間の中で自由にイメージをふくらませて、それを箱庭に表現し、テーマを分析するものであり、遊び自体を自分自身のありのままの表現ととらえる
動作療法	体を動かすある**動作課題**を実行しようと意識する気持ちとその努力に向き合うことで、心にはたらきかける方法。神経症やうつ病、統合失調症に有効とされ、さらにリラクセーションを促進させるなどの目的で**高齢者**にも効果が期待されている。臨床動作法とも呼ばれる
自律訓練法	提唱者シュルツ。**公式言語**（ことば）と**受動的集中力**（イメージ）から自律神経系の不調を段階的に回復させ、体と心の安定を図る**自己催眠法**。リラクセーション技法としても活用される

主な家族療法

構造派家族療法	治療者が家族の構造に深く関わる方法（ジョイニング）で、家族システムにはたらきかけ、構造改革を促す方法
戦略派家族療法	リフレーミング（見方・捉え方の変化）、逆説的介入（治療的パラドックス→家族の一人に今までの行動と逆の行動をしてもらい変化をもたらす）の方法で援助する方法。家族の相互作用の意味や流れやルールを変化させることを目的に行われる
成長派家族療法	コミュニケーションのやり取りにおける感情に重点をおき、改善を図る方法

一問一答 ＋穴埋めドリル！

1 欲求・動機づけ

Q 001 □□
欲求は、生理的欲求と〔　　〕的欲求に分類できる。

Q 002 □□
マズローの欲求階層説では、欲求を〔　〕段階に分類している。

Q 003 □□
マズローの欲求階層説において安全の欲求は〔　　〕欲求に含まれる。

Q 004 □□
動機づけには生理的動機づけと社会的動機づけがあり、〔　　〕的動機づけには、内発的動機づけと外発的動機づけがある。

Q 005 □□
叱責されないように、勉強に取り掛かったのは、〔　〕発的動機づけによる行動である。

Q 006 □□
デイサービスの体験利用をしたら思ったよりも楽しかったので、継続的に利用するようになったのは、〔　　　　　〕条件づけの事例である。

Q 007 □□
人に迷惑をかけるいたずらをした子どもを叱ったら、その行動をしなくなったのは、〔　　　　　〕条件づけの事例である。

Q 008 □□
自動車を運転しているときに事故に遭ってから、自動車に乗ろうとすると不安な気持ちを強く感じるようになったのは、〔　　　　　〕条件づけの事例である。

A 001
社会

欲求は人間の行動の原動力であり、呼吸、食欲、水分補給、睡眠など、生まれもった、生命の維持に必要な一次的欲求（生理的欲求）と、人に必要とされたい、認められたいなど、社会との関わりのなかで後天的に生じる二次的欲求（社会的欲求）に分類できる。

A 002
5

マズローの欲求階層説では、基本的な欲求を優先度によって、生理的欲求、安全の欲求、所属・愛情の欲求、承認・自尊の欲求、自己実現の欲求の５段階に階層づけた。

A 003
欠乏

マズローの欲求階層説では、第１層から第４層までを欠乏欲求、第５層を成長欲求に分類することができる。第２層に位置する安全の欲求は、欠乏欲求に含まれる。

A 004
社会

社会的動機づけには、行為そのものに喜びを感じることで、動機づけが強くなる内発的動機づけと、他者や社会など外からの報酬、罰などの誘因が、動機づけを強める外発的動機づけがある。

A 005
外

叱責という罰が誘因となった、外発的動機づけによる行動である。

A 006
オペラント

デイサービスの体験が思ったよりも楽しかったという正の強化子により、継続的に利用という行動が促進されるオペラント（道具的）条件づけの事例である。

A 007
オペラント

叱られるという負の強化子により、いたずらという行動が抑制されるというオペラント（道具的）条件づけの事例である。

A 008
レスポンデント

自動車事故という経験が、自動車という条件刺激が不安という条件反応を形成した、レスポンデント（古典的）条件づけの事例である。

2 知覚と感覚

Q 009 □□
圧刺激によって光を感じ取る場合、この刺激を〔　　〕刺激という。

Q 010 □□
パターン認知における〔　　〕分析とは、認知対象を部分ごとにその特徴をとらえて認識する過程をいう。

Q 011 □□
明るい場所から暗い場所に移動すると、目が慣れるのに時間がかかることを〔　　〕という。

Q 012 □□
中空にある月より地平線に近い月の方が大きく見えるのは、〔　　〕によるものである。

Q 013 □□
形として知覚される部分を図、〔　　〕となる部分を地という。

Q 014 □□
電光掲示板の文字が動いているように見えるのは、〔　　〕運動によるものである。

Q 015 □□
同じ人物が遠くにいる場合と近くにいる場合とでは、距離の違いほどに人の大きさが違って見えないのは、知覚（大きさ）の〔　　〕の事例である。

Q 016 □□
同じ大きな音が繰り返されるにつれて、驚愕反応が小さくなったのは、〔　　〕による行動である。

Q 017 □□
多くの刺激から自分に関係する情報だけを選択して知覚することを、〔　　〕という。

A 009
不適

圧刺激によって光を感じ取る場合の刺激を、不適刺激という。一方、適刺激とは、各感覚器官に適した刺激をいう。

A 010
特徴

パターン認知において、認知対象を部分ごとにその特徴をとらえて認識する過程を特徴分析という。また、認知対象を部分に分けることなく全体としての特徴をとらえて認識する過程のことを、鋳型照合という。

A 011
暗順応

明るい場所から暗い場所に移動すると、目が慣れるのに時間がかかることを暗順応という。一方、暗い場所から急に明るい場所に移動したときに徐々に明るさに慣れることは、明順応という。

A 012
錯視

錯視とは、刺激の大きさ、形、色等がその物理的性質と異なって見える「目の錯覚」のことをいう。

A 013
背景

知覚の体制化は、群化とも呼ばれ、形として知覚される部分を図、背景となる部分を地という。

A 014
仮現

電光掲示板の文字が動いているように見えるのは、仮現運動によるものである。

A 015
恒常性

知覚の恒常性とは、刺激が物理的に変化をしても、その刺激そのものの性質（大きさ、形、色、明るさ）を保とうとする働きをいう。

A 016
馴化

馴化《じゅんか》は、同一の刺激を繰り返すことにより、その刺激に対する反応が段階的に低下していく現象である。

A 017
選択的注意

選択的注意の例として、パーティー会場のように、人が多くガヤガヤとしている場所でも相手の話を聞くことができる、カクテルパーティー現象がある。

---

3 記憶

Q 018 □□ 状況変化の文脈を過去数分間にわたって貯蔵することによって、事象の知覚、談話の理解、推理や算数の課題などの活動や課題の遂行を可能にする記憶を、〔　　〕記憶という。

Q 019 □□ 強い感情や自分自身にとって関係の深い出来事についての個人的な記憶で、アイデンティティと密接な関わりをもっている記憶を、〔　　　〕記憶という。

Q 020 □□ 今後の予定や約束など未来で行うことに関する記憶を、〔　　〕記憶という。

Q 021 □□ 10年ぶりに自転車に乗ったが､うまく乗ることができたのは､〔　　　〕記憶の事例である。

Q 022 □□ 昨晩、近くのファストフードでハンバーグカレーを食べたという記憶は、〔　　　　　〕記憶に該当する。

Q 023 □□ 三重県の県庁所在地は、津市であるという記憶は、〔　　〕記憶に該当する。

Q 024 □□ 「3-2-5-4-1」という5個の数字を聞き、「3-2-5-4-1」と反復することができるのは、〔　　〕記憶によるものである。

4 発達理論

Q 025 □□ アイデンティティを確立するための猶予期間（準備期間）のことを、〔　　　　　　〕という。

A 018
作動

作動記憶とは、作業記憶やワーキングメモリーともいい、一時的に情報を蓄えながら別の処理を行うときに用いられる記憶をいう。作動記憶の機能は、加齢による影響が顕著にみられる。

A 019
自伝的

自伝的記憶は、エピソード記憶の一種であり、個人がそれまでの人生で経験した出来事に関する記憶である。

A 020
展望的

展望的記憶とは、人と会う約束の時間など未来に行う行為に関する記憶である。

A 021
手続き

自転車の運転技術など、体で覚えた記憶は、手続き記憶という。

A 022
エピソード

エピソード記憶は、過去の経験と時間とが連結された記憶であり、その内容には特定の時間、場所、主観的な出来事が含まれる。エピソード記憶の機能は、加齢による影響が顕著にみられる。

A 023
意味

ものごとの意味や概念などの知識としての記憶を、意味記憶という。意味記憶の機能は、加齢による影響がほとんどみられず、維持される傾向にある。

A 024
短期

「3-2-5-4-1」という5個の数字を聞き、そのとおりに反復することは、短期記憶に該当する。

A 025
モラトリアム

モラトリアムとは、アイデンティティを確立するための猶予期間（準備期間）のことである。

Q 026 □□ 傾倒すべき対象をもたず、自分の生き方がわからない状態を、アイデンティティ〔　　〕という。

Q 027 □□ 成熟優位説では、学習を成立させるために必要な〔　　〕（個体発達の素地、心身の準備性）を重視する。

Q 028 □□ ピアジェの認知発達理論では、〔　　　　　　〕期に体積や量の保存の概念が獲得されるとしている。

Q 029 □□ ピアジェの認知発達理論では、〔　　　　　〕期に対象の永続性が獲得されるとしている。

Q 030 □□ 15歳は、エリクソンの発達段階に関する理論にいう〔　　　　　　　　〕が発達課題となる年齢である。

Q 031 □□ フロイトは、男女の性差に気づいていく時期を〔　　〕期とした。

Q 032 □□ 子どもが親などの他人と同じものを見る行動を、〔　　〕という。

5 ストレス

Q 033 □□ 〔　　　〕は、外界のあらゆる要求によってもたらされる身体の非特異的反応をストレスと呼んだ。

Q 034 □□ 仕事がうまくはかどらなかったので、週末は映画を観てリラックスした。これは、〔　　〕焦点型コーピングである。

Q 035 □□ 困難事例に対応できなかったので、専門書を読んで解決方法を勉強した。これは、〔　　〕焦点型コーピングである。

A 026
拡散

アイデンティティ拡散とは、傾倒すべき対象をもたず、自分の生き方、存在意義、役割などがわからない状態をいう。

A 027
レディネス

成熟優位説は、ゲゼルが提唱した理論であり、学習を成立させるために必要なレディネスを重視するという特徴がある。

A 028
具体的操作

ピアジェの認知発達理論では、具体的操作期（7～11歳）に体積や量の保存の概念が獲得されるとしている。

A 029
感覚運動

ピアジェの認知発達理論では、感覚運動期（0～2歳）に対象の永続性が獲得されるとしている。

A 030
アイデンティティ

エリクソンの発達段階において、12～20歳頃の思春期・青年期における発達課題は、自分とは何者なのかを理解するアイデンティティ（自我同一性）の獲得となっている。

A 031
男根

フロイトは、性差に気づいていく5～6歳頃の発達段階を男根期とした。

A 032
共同注意

共同注意とは、子どもが親などの他人と同じものを見る行動をいい、9か月頃からみられるようになる。

A 033
セリエ

セリエは、外界のあらゆる要求によってもたらされる身体の非特異的反応をストレスと呼び、その状態を警告反応期、抵抗期、疲弊期の3段階に分類した。

A 034
情動

情動焦点型コーピングとは、ストレッサー（ストレスの原因）によってもたされる情動に働きかけを行う方法をいう。

A 035
問題

問題焦点型コーピングとは、ストレッサーに直接的な働きかけを行い、状況を変えていこうとする方法をいう。

Q 036 □□ アパシーは、ストレス状態が続いた場合に陥り得る〔　　〕状態である。

Q 037 □□ ストレスに直面しても健康を損なうことが少ない性格特性を〔　　　　　　〕という。

Q 038 □□ 心的外傷後ストレス障害（PTSD）の症状で、つらかった出来事を急に思い出すことがあるのは、〔　　　　　　　　　〕の事例である。

Q 039 □□ 心的外傷後ストレス障害（PTSD）の症状で、過度の緊張状態が継続する状態を、〔　　　　〕という。

Q 040 □□ 心的外傷後ストレス障害（PTSD）の症状で、交通事故にあった場所を通らないようにして通勤しているのは、〔　　〕の事例である。

Q 041 □□ 継続的に達成感が得られず、努力が報われにくい状況で、やる気ややりがいを失って、心身共に疲れ果ててしまう不適応状態を〔　　　　　〕症候群という。

6 集団

Q 042 □□ 周囲で見ている人がいると作業が速くなるなど、個人の作業成績が向上する現象を社会的〔　　〕という。

Q 043 □□ 集団作業の成果が自分に対する影響が小さいと判断されると、個人の作業量や努力が低下することを社会的〔　　　〕という。

A 036
無気力

アパシーとは、ストレス状態が続き、その状態に対してうまく対処することができない場合に陥る無気力状態をいう。

A 037
ハーディネス

ハーディネスとは、ストレスに直面しても健康を損なうことが少ない性格特性である。

A 038
フラッシュバック

フラッシュバックは、突然、外傷体験を思い出し、パニックに陥る、不眠、食欲不振などの症状が現れることをいう。

A 039
過覚醒

過覚醒では、過度の緊張状態が継続し、ささいな事でもひどく驚いてしまうようになるなどの驚愕反応がみられる。

A 040
回避症状

回避症状とは、過覚醒やフラッシュバックの状態になることを避けようとするために、外界に対する活動や反応が低下してしまうことである。

A 041
燃え尽き

燃え尽き症候群（バーンアウト）とは、フロイデンバーガーが提唱した概念で、継続的に達成感が得られず、努力が報われにくい状況で、やる気ややりがいを失って、心身共に疲れ果ててしまう不適応状態を指す。

A 042
促進

社会的促進とは、周囲で見ている人がいると作業が速くなるなど、（第三者がいることによって）個人の作業成績が向上する現象をいい、単純な作業や課題で起こりやすい。

A 043
手抜き

社会的手抜きとは、集団作業の成果が自分に対する影響が小さいと判断した場合、個人の作業量や努力が低下することをいう。

Q 044 □□ 集団による意思決定では、討議後の集団の意思決定が討議前の個人の意思決定に比べて、極端な決定を行う傾向にあることを、〔　　　　〕という。

Q 045 □□ 集団のメンバーの多くが個人的利益を追求した行動をとることで、集団全体にとって不利益な結果となることを社会的〔　　　　〕という。

Q 046 □□ 自分がある相手に期待をかけることにより、自然と相手がその期待に沿った行動をとるようになる効果を〔　　　　〕効果という。

Q 047 □□ 路上でケガをしたために援助を必要とする人の周囲に大勢の人が集まったが、誰も手助けしようとしなかった。これは、〔　　　　〕効果の事例である。

7 適応機制（防衛機制）

Q 048 □□ 個人と環境との間で調和のある満足すべき関係が成立し、その関係が維持されている状態のことを、〔　　　〕という。

Q 049 □□ 現在の発達段階より下の発達段階に逆戻りしてとる未熟な言動を、〔　　　〕という。

Q 050 □□ 認めたくない欲求を心の中に抑え込んでしまおうとすることを、〔　　　〕という。

Q 051 □□ 自分がとった葛藤を伴う言動について、一見もっともらしい理由づけをすることを、〔　　　　〕という。

Q 052 □□ 社会から承認されそうもない欲求を、社会から承認されるものに置き換えて充足させることを、〔　　　〕という。

A 044 集団極化

集団極化には、より危険性の高い意思決定を行うリスキー・シフトと、より安全な意思決定を行うコーシャス・シフトがある。

A 045 ジレンマ

社会的ジレンマとは、集団のメンバーの多くが個人的利益を追求した行動をとることで、集団全体にとって不利益な結果となることをいう。

A 046 ピグマリオン

ピグマリオン効果とは、自分がある相手に期待をかけることにより、自然と相手がその期待に沿った行動をとるように変化することをいう。

A 047 傍観者

傍観者効果とは、緊急な救助を必要としている人がいる場面では、そこに居合わせた人の数が多ければ多いほど救助されにくくなる現象をいう。

A 048 適応

適応の状態が崩れてしまい、それを無意識的に解決しようとする行動によって、心理的な満足を得ようとすることを適応機制という。

A 049 退行

現在の発達段階より下の発達段階に逆戻りしてとる未熟な言動は、退行に該当する。

A 050 抑圧

認めたくない欲求を心の中に抑え込んでしまおうとすることは、抑圧に該当する。

A 051 合理化

合理化とは、自分の失敗などについて、一見もっともらしい理由づけをして、自分を正当化することをいう。

A 052 昇華

社会から承認されそうもない欲求を、社会から承認されるものに置き換えて充足させることは、昇華に該当する。

Q 053
□□
父から叱られ腹が立ったので弟に八つ当たりした。これを〔　　　　〕という。

Q 054
□□
苦手な人に対していつもより過剰に優しくした。これを〔　　　　〕という。

8 心理検査

Q 055
□□
YG性格検査では、12の人格特性に関係する各〔　　〕項目の質問をする。

Q 056
□□
日本版MMPIは、対象年齢は〔　　〕歳から成人である。

Q 057
□□
東大式エゴグラムは、〔　　　〕法の人格検査である。

Q 058
□□
ロールシャッハテストは、〔　　〕法の人格検査である。

Q 059
□□
提示された絵を見て自由に作った物語の内容から、隠された欲求やコンプレックスを明らかにして人格特徴を分析する検査を〔　　　〕（絵画・主題統覚検査）という。

Q 060
□□
バウム・テストは、投影法の〔　　〕検査である。

Q 061
□□
ウェクスラー式知能検査の幼児用を〔　　　　　〕という。

A 053
置き換え

父から叱られ腹が立ったので弟に八つ当たりするなど、ある対象に向けられた欲求や感情を、他の対象に向けて表現することを置き換えという。

A 054
反動形成

苦手な人に対していつもより過剰に優しくすることは、反動形成である。

A 055
10

YG性格検査（矢田部・ギルフォード性格検査）では、12の人格特性に関係する各10項目の質問（全120問）をし、代表的な性格特徴を５つのタイプに分類する。

A 056
15

日本版MMPI（ミネソタ多面人格目録）では、抑うつ、心気症などの人格的、社会的不適応の種別と程度を尺度により客観的に判定することで、人格特徴を多角的に捉えることができる。

A 057
質問紙

東大式エゴグラムの質問項目は53あり、結果を５つの自我状態（批判的な親〈CP〉、養育的な親〈NP〉、大人〈A〉、自由な子ども〈FC〉、順応した子ども〈AC〉）に分け、そのグラフのパターンから性格を診断する。

A 058
投影

ロールシャッハテストは、左右対称のインクの染みの図版から何が見えたか反応を聞くことで被検者の内面を分析する検査である。

A 059
TAT

TAT（絵画・主題統覚検査）は、提示された絵を見て自由に作った物語の内容から、隠された欲求やコンプレックスを明らかにして人格特徴を分析する検査で、幼児・児童用のCAT（幼児・児童用絵画統覚検査）もある。CATは、擬人化された動物が描かれている。

A 060
人格

バウム・テストは、Ａ４判の白紙に「１本の実のなる木」の絵を描かせることで、性格や欲求を分析する方法である。

A 061
WPPSI

WPPSI（ウィプシ）では、全検査IQ、言語性IQ、動作性IQを測定できる。WPPSI-Ⅲの対象年齢は、２歳６か月～７歳３か月である。

Q 062 □□ 10歳の子どもにウェクスラー式知能検査を行う場合、〔　　　〕-IVを実施する。

9 心理療法

Q 063 □□ 精神分析療法では、無意識のエス（イド）の活動と、意識の自我（〔　　　〕）の活動とが適切に関連するよう援助する。

Q 064 □□ 〔　　　〕療法は、言葉で表現できない深い感情や複雑な問題状況を表現できる特性があり、遊びそれ自体を自分自身のありのままの表現ととらえる。

Q 065 □□ 〔　　　〕カウンセリングでは、同じ悩みを抱える仲間のなかで支援のためのスキルを学んだ人が、当事者に対して問題を自分自身で解決できるよう手助けをする。

Q 066 □□ 認知行動療法には、他者の行動観察を通して行動の変容をもたらす〔　　　　　　〕が含まれる。

Q 067 □□ 不安換気場面に繰り返し曝し、クライエントの不安感を低減させることは、〔　　　〕療法に基づく技法に該当する。

Q 068 □□ 社会生活技能訓練は、クライエントが〔　　　〕を演じることを通して、対人関係で必要な技能の習得を目指していく。

Q 069 □□ 森田療法は、〔　　　〕期、軽作業期、作業期、社会復帰期という過程で行われるものである。

A 062 WISC

WISC（ウィスク）では、全検査IQに加えて、言語理解、知覚推理、作動記憶、処理速度の４つの能力の測定ができる。

A 063 エゴ

フロイトが提唱した精神分析療法は、無意識に抑圧している問題を意識化していくことで改善を図る方法である。

A 064 遊戯

アンナ・フロイトは、遊戯療法が遊びそれ自体を自分自身のありのままの表現ととらえるという特徴があることから、治療の動機をもちにくい子どもに対して意義があるものと考えた。

A 065 ピア

ピアカウンセリングは、仲間同士や、同じ背景や特質をもつ者同士が交流のなかで、自分自身で問題を解決できるようにするものであり、援助者は側面的な支援を中心に行う。

A 066 モデリング

モデリングとは、観察学習ともいい、他者の行動を観察、模倣することで、新しい行動を獲得したり、既存の行動パターンを修正する方法をいう。

A 067 行動

行動療法に基づくエクスポージャー法（暴露療法）では、不安換気場面に繰り返し曝すことで、クライエントの不安感を低減させるという特徴がある。

A 068 役割

社会生活技能訓練（SST）は、対人関係の対応が困難な人を対象に、対人関係づくりと基本的な生活の技能を習得するための学習訓練である。モデリング（観察学習）とロールプレイ（役割演技）を基本にして、社会生活の場面を想定して行う。

A 069 臥褥

森田療法は、臥《が》褥《じょく》期、軽作業期、作業期、社会復帰期という過程で行われるものである。

3

社会学と
社会システム

ココ!確認  ポイント・チェック!

ヴェーバー（ウェーバー）の理論

□方法論的個人主義＝社会を個人の相互行為の蓄積（**還元可能性**）ととらえ、社会的行為から社会を説明する

□社会的行為の 4 類型

感情的行為	感情に動かされてなされる行為	非合理的行為
伝統的行為	因習や慣習によってなされる行為 (習慣化した日常行為など)	
目的合理的行為	目的を実現するための手段としての行為（利益獲得を目指す経済行為、政治的かけ引きなど）	合理的行為
価値合理的行為	妥当な規範に義務感として従う行為(純粋な宗教行為、道徳的行為など。行為自体に価値を見出す)	

□支配の 3 類型

カリスマ的支配	支配者の呪術的な力や超人的な資質による支配
伝統的支配	伝統的な秩序や慣習による支配
合法的支配	正当化された法や規則に基づいた支配

□官僚制（合法的支配の典型）

- 官僚制＝複雑で大規模な組織の目標を能率的に達成するための合理的な管理・運営の体系
- 理念的特徴：❶明確に規定された**権限**の原則　❷職務上の**ヒエラルヒー**の原則　❸職務活動と私生活の分離の原則　❹**文書主義**による事務処理の原則　❺専門的訓練の原則　❻フルタイムの職務専念の原則　❼権威的な職務遂行のための法律・規則・技能の習得や活用の原則（例外や書類不備を認めない**形式主義**）

⇔　マートンの官僚制の逆機能

❶規則の手段の自己目的化…本来の目標の達成を阻害してでも規則が絶対化される弊害

❷官僚組織の情緒的な同調主義・自己保存…自己保身と過剰同調による自己肥大の弊害

❸官僚組織の<u>非人間的</u>な機械的・画一的な対応…柔軟で人格的な配慮のある仕事の欠如

法の３類型

抑圧的法	前近代社会における、支配者が被支配者を抑圧し、従属させるための手段
自律的法	近代社会における、法を政治から分離し、手続きや形式を重んじる社会のメンバー全てが等しく従うべき普遍的なルールとして体系化したもの
応答的法	現代社会における、普遍性をもちながらも社会の要請に応えるために、より柔軟で合理的な運用を可能にするための法

社会集団及び組織

□クーリーの理論

第一次集団（プライマリー・グループ）	親密で対面的な直接接触を特徴とした人間形成の上で重要な役割をもつ集団 →家族、近隣集団、遊戯集団など
第二次集団（セカンダリー・グループ）	特定の利害関心によって意図的に組織された集団 →企業、政党、労働組合など

※「鏡に映った自己」（他者という鏡に映る自分の像）はクーリーの用語。

□テンニースの理論

ゲマインシャフト	本質意志（実在的・自然的意志）によって結びついた共同社会 →**血**縁からなる家族、**地**縁からなる村落など
ゲゼルシャフト	選択意志（観念的・人為的意志）によって人工的に組織された利益社会 →法に基づく大都市、国家など
ゲノッセンシャフト	平等な人々の契約に基づく組合 →19～20世紀にドイツで生まれた無産者による**協同組合**がモデル

※「ゲマインシャフトからゲゼルシャフトへ」、将来は（両者を総合する）「ゲノッセンシャフト」を認めようとした。

家族と世帯

世帯	**消費生活単位**（「住居と生計を共にしている人の集まり」国勢調査の定義）…**親族でない者も含む**
家族	**居住親族集団**（「親族からなる集団」）…就学、就職等で**他出している者も含む**

定位家族と生殖家族

定位家族	自分が生まれ育った家族。子どもとして生まれ育つ家族
生殖家族	自分が結婚してつくり上げる家族。親の立場からみた家族

人の一生のとらえ方

ライフサイクル	各段階に固有の発達課題を達成していく過程のこと
ライフイベント	個人が経験する多様な人生の出来事のこと
ライフコース	ライフイベントを時間軸に沿って分析する概念のこと
経済生活周期	個人の一生における規則性を経済状態からとらえる概念のこと
家族周期	家族の生活周期であり、結婚によって形成され、新婚期、育児期、教育期、子どもの独立期、子ども独立後の夫婦期、老後期などを経て、夫婦の死亡によって消滅する全過程のこと

主な役割概念

役割群	1つの地位に生じる複数の役割関係を相互に関連しあうセットとしてとらえる
役割期待	個人の行動パターンに対する他者からの期待を指し、規範的な意味をもつ
役割葛藤	個人のなかに複数の役割が存在し、それらが役割間の矛盾や対立から心理的緊張を感じるものをいう
役割距離	個人と、その個人が演じる役割の間の距離。距離を効果的に演じることも
役割交換	相手の役割を演じることで、相手の立場を理解し内省する
役割猶予	役割遂行の猶予。青年期における成人の役割獲得期間（モラトリアム）
役割演技	場面と登場人物を設定した上で、即興的かつ自発的にその人物の役割を演じること
役割取得	個人が他者との相互作用を通じて自我を内面化する過程のこと
役割適応	子が、親からの役割期待に応え続けるなど、行為者が他者からの役割期待に応えている状態のこと

社会的行為に関する概念

鏡に映った自我	クーリーが提唱。他者がどのように自己を評価しているかを知ることで、自我感情が生まれ、社会的自我をもつようになる
ホモ・ソシオロジクス	ダーレンドルフが提唱。自発的に役割を形成しようとせず、あらかじめ決まった役割を完全に遂行しようとする人のこと。役割と個人が完全に同一化された状態を指す
機能分析	マートンが提唱。行為自体がもつ潜在的機能や逆機能から、合理性と共通価値に基づく目的―手段関係を追求するコミュニケーション行為の理論
演劇論的行為論	ゴッフマンが提唱。社会生活を「劇場」と捉える演劇的アプローチは、後にハーバーマスにも影響を与える

社会問題に関する理論

文化学習理論	ある地域の若者集団の文化が、犯罪を促進させる非行下位文化の特徴をもっているという、犯罪を相互行為の産物ととらえる
分化的接触理論（差異的接触論）	犯罪は行動だけではなく、動機や正当化の言い訳も含めて、**他人から学ぶ**。そして、その学ぶ内容は人（＝所属する集団）によって異なる
反動形成論	下層階級の少年は、地位に対する**欲求不満**から発生する**反動形成**が、非行という副次文化を生み出す
ドリフト（漂流）論	非行少年は常に非合法的な文化に身をおいているのではなく、**非合法的な文化と合法的な文化の間を漂流**している
社会緊張理論	成功することは良いことだという「**文化目標**」と、現実にはほとんど成功しない「**現実社会**」との間に**緊張状態**が起こる。そうした**緊張状態**が社会的な逸脱**行動**を起こさせる
統制理論	人は本来**逸脱**する可能性をもつが、それを**制御**する力もある。その**制御**する力が機能障害を起こしたときに、**逸脱**行動に走る
ラベリング論	規則に反した人にラベル（**レッテル**）を貼ることで、その人は逸脱者とみなされる。するとその人は逸脱者としての行動パターンをとらざるを得なくなる→「逸脱」は、周囲からのラベリングによってつくり出される
割れ窓理論	軽微な治安のほころびを取り締まることで、凶悪犯罪を含めた犯罪を防止できる

一問一答 ＋穴埋めドリル！

1 社会構造と社会変動

Q 001 □□
個人の能力や成果に応じて社会的地位が与えられることを、〔　　〕主義という。

Q 002 □□
一個人の一生の間での社会的地位の移動のことを、〔　　〕移動という。

Q 003 □□
ブルデューは、日常の言葉遣いや趣味、学歴などを通して親から子どもに伝えられ、階層の再生産に寄与する財を〔　　〕資本と呼んだ。

Q 004 □□
ヴェーバーは、正当な手続により制定された法に従うことで成立する支配を、〔　　〕的支配とした。

Q 005 □□
ヴェーバーは、支配の諸類型に関して、〔　　〕的支配とは、非日常的な資質の持ち主によって成立する支配体制であるとした。

Q 006 □□
ヴェーバーは、支配の諸類型に関して、昔からある伝統的な秩序・慣習に基づいた支配を、〔　　〕的支配とした。

Q 007 □□
人々の私的利益の追求により、万人の万人に対する闘争状態が引き起こされるということを明らかにした議論のことを〔　　〕問題という。

Q 008 □□
ジニ係数は、〔　　〕格差を示す指標である。

A 001
業績

業績主義とは、個人の能力や成果に応じて社会的地位が与えられることをいう。一方、性別・年齢・身分など、本人の努力によって変更することができない要素によって社会的地位が与えられることを、属性主義という。

A 002
世代内

世代内移動とは、一個人の一生の間での社会的地位の移動のことをいう。一方、親子という世代が異なる関係で発生する社会的地位の移動のことを、世代間移動という。

A 003
文化

日常の言葉遣いや趣味､学歴などを通して親から子どもに伝えられ、階層の再生産に寄与する財は、文化資本の概念である。

A 004
合法

ヴェーバーの合法的支配では、法は、万民が服さなければならないものであり、支配者も例外ではないとした。

A 005
カリスマ

カリスマ的支配は、ヴェーバーの支配の３類型の１つであり、預言者や軍事的英雄などのように、支配者の非日常的な資質や能力に対する被支配者の情緒的帰依に基づいた支配である。

A 006
伝統

ヴェーバーの伝統的支配では、法は、伝統的に継承されてきた支配体制を正当化するための道具であるとした。

A 007
ホッブズ

ホッブズは、人々の私的利益の追求は利害対立を生み、社会秩序のない「万人の万人に対する闘争」の場になると考え、このようななかで、いかにして社会秩序が可能になるのかと問うた。

A 008
所得

ジニ係数とは、所得分布の不平等の尺度であり、所得格差を示す指標となる。ジニ係数の範囲は０～１であり、０に近いほど格差が小さく、１に近いほど格差が大きいことを示す。

Q 009 □□ 幸福度指標は、社会の〔　　〕水準を測定する社会指標となる。

Q 010 □□ それ以下では最低限度の生活も維持できないと考えられる基準を、〔　　　〕という。

Q 011 □□ 国内で一定期間内に生産されたモノやサービスの付加価値の合計額のことを、〔　　　〕という。

Q 012 □□ デュルケムは、社会は同質的な個人が並列する機械的連帯から、異質な個人の分業による〔　　〕的連帯へと変化していくと考えた。

Q 013 □□ ジンメルは、社会的な分化が進むことによって、人々が相互に交流する範囲としての社会圏が〔　　〕していくと考えた。

Q 014 □□ 社会進化論では、近代社会への移行を軍事型社会から〔　　〕型社会への進化であるととらえた。

Q 015 □□ 産業化の進展に伴い、工業社会の次の発展段階として脱工業社会が到来すると主張したのは、〔　　〕である。

---

2 社会集団・組織

Q 016 □□ 人が好き・嫌い、善悪などの価値判断の拠り所とするような集団を〔　　〕集団という。

Q 017 □□ ある特定の目的のために人為的に作り出された組織を、第〔　〕次集団という。

A 009
福祉

幸福度指標は、生活満足感のような主観的意識に重点を置き、そこに平均寿命や社会環境を関連させて示した尺度であり、社会の福祉水準を測定する指標となる。

A 010
貧困線

ブースがロンドンで行った貧困調査により提起した貧困線の概念を、ラウントリーはヨーク市で行った貧困調査で、より明確に第一次貧困線（絶対貧困線）と第二次貧困線に区別した。

A 011
GDP

国内で一定期間内に生産されたモノやサービスの付加価値の合計額であり、国内の景気を測る指標を、GDPという。

A 012
有機

デュルケムは『社会分業論』で、進化論的な社会変動のモデルとして、未開社会など同質の人々が結合した機械的連帯の社会から、異質な個人が個性や能力を生かして分業に基づく有機的連帯の社会へ移行するとした。

A 013
拡大

ジンメルは、個人がその中で活動し、関心をよせる社会集団のことを社会圏といい、社会的分化が進むと、個人の所属する社会圏が広がり、多様な社会圏に同時に所属するようになるとした。

A 014
産業

スペンサーは、社会進化論の立場から、軍事型社会から産業型社会へと進化すると説いた。

A 015
ベル

ベルは、脱工業社会を、物を生産する工業中心の社会が進展し、情報やサービス、知識を扱う産業が重要な役割を担う社会とした。

A 016
準拠

人が好きや嫌い、善悪などの価値判断の拠り所とするような集団を準拠集団（リファレンス・グループ）と呼ぶ。

A 017
二

ある特定の目的のために人為的に作り出された組織は、第二次集団である。第一次集団は、家族や遊び仲間など、対面性や個別性を基盤とした身近で親密な集団である。

Q 018 □□ 企業や官庁のような一定の目的のために成文化された規則と命令系統を持つ組織を、〔　　　　　　〕グループという。

Q 019 □□ 本質意志に基づく結合が解体した、近代以降の社会集団を、〔　　　　〕シャフトという。

Q 020 □□ 〔　　　　　　〕は、近代以降、ゲマインシャフトからゲゼルシャフトへと移行していくとした。

Q 021 □□ 近代社会では、コミュニティから人々の関心に基づいた機能的な〔　　　　　　　　　　〕が派生し、社会分化が一層進む。

Q 022 □□ 信頼、規範、ネットワークなどによる人々のつながりの豊かさを表すために、パットナムによって提唱された概念を、〔　　　　　　　　　　〕（社会関係資本）という。

3 生活と人生

Q 023 □□ 結婚から夫婦の死亡までの家族構成、生活水準などの世代的変化を周期的に捉えたものを〔　　　〕周期という。

Q 024 □□ 個人が経験する多様な人生の出来事を、ライフ〔　　　　　〕という。

Q 025 □□ 個人がたどる多様な人生のあり方をとらえる概念を、ライフ〔　　　　〕という。

Q 026 □□ 人間の誕生から死に至るまでの各段階の推移、また、各段階に固有の発達課題を達成していく過程を、ライフ〔　　　　　〕という。

A 018
フォーマル
フォーマルグループとは、企業や官庁のような組織をいう。一方、インフォーマル・グループとは、企業など組織内で自然発生的に生まれる親密な集団をいう。

A 019
ゲゼル
大都市や国家など、選択意志（合理的であることを重視する意志）に基づく目的的な集団を、ゲゼルシャフトという。

A 020
テンニース
テンニースは、近代以降、本質意志に基づくゲマインシャフト（共同社会）から、選択意志に基づくゲゼルシャフト（利益社会）へと移行していくと考えた。

A 021
アソシエーション
アソシエーションは、コミュニティの中で特定の関心や目的を実現するために形成される機能集団（派生集団）である。近代化によって、社会は単純で同質的な状態から複雑で異質的な状態へと社会分化が進む。

A 022
ソーシャルキャピタル
パットナムは、その著書『孤独なボウリング』において、ソーシャルキャピタルが豊かであると、政治的関与が高まり、市民活動の促進につながると説いた。

A 023
家族
結婚から夫婦の死亡までの家族構成、生活水準、家族の社会的欲求や活動などの世代的変化を周期的に捉えたものを家族周期という。

A 024
イベント
ライフイベントとは、進学、就職、結婚、転職、引っ越しなど、個人や家族の人生上の節目となる出来事を指す。

A 025
コース
ライフコースとは、ライフイベントを時間軸に沿って分析する概念で、多様化した生き方をとらえるのに有効である。

A 026
サイクル
ライフサイクルとは、人間の出生から死に至るプロセスに着目し、標準的な段階を設定して人間の一生の規則性を捉える概念である。

Q 027 □□ 出生から死に至るまでの人の生涯の諸段階を示す概念を、ライフ〔　　　　〕という。

Q 028 □□ 人生の節目となる出来事を同時期に体験した人々の集合を示す概念を、〔　　　　　〕という。

4 社会的役割

Q 029 □□ 他者からそれぞれの場面に適した形の行為を期待されることを、役割〔　　〕という。

Q 030 □□ 個人の中に複数の役割が存在し、それらが役割間の矛盾や対立から心理的緊張を感じることを、役割〔　　〕という。

Q 031 □□ 他者の期待どおりにするのではなく、意図的に少しずらした形で行動することを、役割〔　　〕という。

Q 032 □□ 既存の役割期待の枠を超えて、個人が状況に応じて新たな役割を取り入れていくことを、役割〔　　〕という。

Q 033 □□ 子が、親からの役割期待に応え続けていることは、役割〔　　〕に該当する。

Q 034 □□ 子どもが、ままごとのような「ごっこ」遊びで親の役割などをまねることを通して自己を形成し、社会の一員となっていく過程を示す概念を、役割〔　　〕という。

Q 035 □□ 社会のなかでの個人の役割が多様化していくことを、役割〔　　〕という。

A 027
ステージ

ライフステージとは、人間の一生における乳幼児期・児童期・青年期・成人期・高齢期などのそれぞれの段階をいいます。家族の場合には、新婚期・育児期・教育期・子独立期・老夫婦期などに分けられる。

A 028
コーホート

コーホートとは、人生の節目となる出来事を同時期に体験した人々の集合を示す概念で、調査や分析、研究対象の概念としても用いられる。

A 029
期待

役割期待とは、個人の行動パターンに対する他者からの期待を指し、規範的な意味をもつ。

A 030
葛藤

役割葛藤は、異なる行動様式を同時に要求される場合に生じる。

A 031
距離

役割距離とは、期待される役割を引き受けつつ、その役割から距離をおいて余裕をみせるといったことをいう。

A 032
形成

役割形成とは、個人が他者との相互行為の中で相手の期待に変容をもたらすことで、既存の役割期待を超えた新たな行為が展開することを指す。

A 033
適応

役割適応とは、行為者が他者からの役割期待に応えている状態のことをいう。

A 034
取得

役割取得とは、他者や集団から見た自らへの期待を認識し、それを取り入れることで自分の役割行為を形成することをいう。

A 035
分化

役割分化とは、社会のなかでの個人の役割が多様化していくことをいう。

---

5 社会的行為

Q 036
□□

〔　　　　　〕は、行為を行為者にとっての主観的意味から4つの類型に分け、そのなかで目的合理的行為や価値合理的行為に着目して近代の合理性を論じた。

Q 037
□□

ハーバーマスは、言語を媒介とした自己と他者の間で相互了解に基づく合意形成を目指す行為を、〔　　　　　〕的行為と呼んだ。

Q 038
□□

行為対象に対して直接の感情や気分によって行われる振る舞いは、〔　　〕的行為である。

Q 039
□□

理解社会学は、〔　　〕的行為の主観的意味を理解することを通して、その過程及び結果を説明しようとする考え方である。

Q 040
□□

他者の選択を計算に入れたり、他者の選択や意思決定に影響を及ぼしたりすることで、自己の目的達成を目指す行為を、〔　　〕的行為という。

Q 041
□□

ある意図によって行われた行為自体が思わぬ影響をもたらすことを、行為の〔　　　　　〕結果という。

6 社会的ジレンマ

Q 042
□□

各個人が自らの利益を考えて合理的に行動した結果、集団あるいは社会全体として不利益な結果を招いてしまう状況を社会的〔　　　　　〕という。

Q 043
□□

非協力を選択して利益のみを受け入れる者を、〔　　　　　〕という。

A 036
ヴェーバー

ヴェーバーは、行為者の主観的意味（目的動機）から行為を4類型に区分し、目的合理的行為や価値合理的行為を合理的行為、感情的行為や伝統的行為を非合理的行為とした。

A 037
コミュニケーション

ハーバーマスは、社会的行為を「目的論的行為」「戦略的行為」「規範に規制される行為」「演劇論的行為」「コミュニケーション的行為」の5つに分類した。

A 038
感情

感情的行為とは、行為対象に対して直接の感情や気分によって行われる振る舞いを意味する。

A 039
社会

理解社会学は、ヴェーバーの方法的立場を示すもので、個人が社会的行為について主観的に抱く意味から社会を説明する考え方・方法である。

A 040
戦略

戦略的行為とは、他者の選択を計算に入れながら、あるいは他者の選択に影響を与えることによって、自己の目的の実現を目指すことをいう。

A 041
意図せざる

行為の意図せざる結果とは、相手を喜ばせようとして行った行為で相手が怒ってしまったというように、ある意図によって行われた行為自体が思わぬ影響をもたらすことをいう。

A 042
ジレンマ

社会的ジレンマとは、個々人の行為が集まった結果、全体として、意図しない結果が生じてしまう状況のことである。

A 043
フリーライダー

フリーライダーとは、自ら負担することなく集合財を享受する者をいう。

Q 044
□□
２人の囚人が、互いに黙秘することで最も罪が軽くなる状況にあるにもかかわらず、双方とも相手を裏切る方が得であると判断し、自白することで、双方にとって望ましくない結果になることを、〔　　　　　　　　〕という。

7 社会問題

Q 045
□□
根拠のない社会的汚名や、好ましくない違いを表わす印のことを、〔　　　　　　〕（負の烙印）という。

Q 046
□□
犯罪や非行などの社会問題が、下位集団文化のなかで学習され、その文化を通じて世代から世代へと伝承されていくとみる理論を、〔　　　　　〕理論という。

Q 047
□□
周囲の人々がある人の行為にレッテルを貼ることによって社会的逸脱がつくり出されると考える理論を、〔　　　　　　〕論という。

Q 048
□□
人々が社会状況について誤った認識をし、その認識に基づいて行動することで、結果としてその認識どおりの状況が実現してしまうことを指す概念を、〔　　　　　　　　〕という。

Q 049
□□
環境問題では、低所得層や人種的マイノリティーなど社会的弱者に対して被害が集中することがある。このような不平等を是正し、あわせて環境からの便益の分配における不平等も是正しようという考え方を〔　　　　　〕という。

Q 050
□□
福祉施設や学校などの必要性は認めるものの、居住地近くに建設されることを拒む人やその態度などを、〔　　　　　〕という。

A 044
囚人のジレンマ

社会的ジレンマの１つである囚人のジレンマとは、協力し合うことが互いの利益になるにもかかわらず、非協力への個人的誘因が存在する状況を指す。

A 045
スティグマ

ゴッフマンは、他者や社会集団によって個人に押し付けられた「好ましくない違いを表わす印（スティグマ）」に基づいて、それを負う人々に対して様々な差別が行われることを指摘した。

A 046
文化学習

文化学習理論は、犯罪を相互行為の産物と捉える理論で、分化的接触理論の上位概念である。

A 047
ラベリング

ラベリング論は、社会がある行為を逸脱とみなし統制しようとすることによって、逸脱が生じると考える立場である。

A 048
予言の自己成就

予言の自己成就（自己成就的予言）とは、マートンが提唱した概念で、そのことが起こると予想することが人々の行動に影響を及ぼし、成就することをいう。

A 049
環境正義

環境正義は、多民族国家であるアメリカ合衆国の社会的背景から生じた概念であり、社会的弱者が多く居住する地域に廃棄物処理施設が集中して設けられるなど、環境問題が社会的弱者に集中することに注目している。

A 050
ニンビー

ニンビー（NIMBY＝Not In My Back Yard〈自分の裏庭には来ないで〉）とは、利益や便益は受けつつも、自らの居住地は環境破壊の影響を受けることがないように主張することをいう。

4

社会福祉の原理と政策

ココ!確認  ポイント・チェック!

社会保障制度審議会による勧告

年	勧告
1950年 (50年勧告)	社会保障制度に関する勧告 ・戦後の社会保障の道筋をつける
1962年 (62年勧告)	社会保障制度の総合調整に関する基本方針についての答申及び社会保障制度の推進に関する勧告 ・高度経済成長期の社会保障の見直しを求める ・国民による社会連帯の必要性が記された
1995年 (95年勧告)	社会保障体制の再構築に関する勧告 ・国民の自立と社会連帯を社会保障の基本理念とした ・社会福祉基礎構造改革へとつながる流れ

50年勧告による社会保障の手段

	内容	例
社会保険	国民の労働力の維持と健康の保持に力点。各種社会保険を統合し、給付と負担の公平さを図る制度	医療保険、年金保険、介護保険など
公的扶助	生活困窮者に対し、国家が最低限度の生活を保障し、自立向上を目的とする制度	生活保護など
公衆衛生	国民に対して体力向上、疾病予防を図るために行う保健衛生活動	結核予防、廃棄物処理など
社会福祉	国家扶助の適用を受けている者、障害者、児童、その他の援護を必要とする者を対象に、必要な援護等を行う制度	障害者、高齢者、児童、母子に対する福祉

ティトマスの福祉政策モデル

残余的福祉モデル	個人、家族や市場が機能しないときに行われる
制度的再分配モデル	ニーズ充足のため、政府により制度的・組織的に行われる
産業的業績達成モデル	貢献度（所得や保険料の拠出）に応じた福祉サービスの給付を行う

福祉政策におけるニード（ニーズ）と資源

□潜在的ニーズと顕在的ニーズ

類型	説明
潜在的ニーズ	ニーズがある人々が、ニーズの存在に気づかないままになっているニーズ
顕在的ニーズ	ニーズがある人々が、ニーズの存在に気づいているニーズ

□ニードの 4 類型（ブラッドショー）

ブラッドショーは、社会福祉におけるニードを感得されたニード、表明されたニード、規範的ニード、比較ニードの 4 つに類型化した。

類型	内容
規範的ニード（ノーマティブ・ニード）	専門家、行政官、研究者が「望ましい」基準（社会規範）との対比においてニードがあると判断したニード
感得されたニード（フェルト・ニード）	利用者自身がとらえたニード（本人が充足の必要を自覚している）
表明されたニード（エクスプレスト・ニード）	「感得されたニード」が、サービス利用の申請といった行動に現れた場合のニード
比較ニード（コンパラティブ・ニード）	サービスの利用者と同じ特性をもちながらサービスの利用をしていない人がいる場合、サービスを受けていない人のニード

□ニードの 2 類型（三浦文夫）

三浦文夫は、社会福祉のニーズを貨幣的ニードと非貨幣的ニードに区分し、非貨幣的ニードに対する地域福祉を基盤にすえたサービスの供給システムについて理論化した。

類型	内容
貨幣的ニード	・貨幣的測定が可能なニード →金銭給付で対応
非貨幣的ニード	・貨幣的測定が困難なニード →現物給付（人的サービス）で対応

※社会福祉は、貨幣的ニードから非貨幣的ニードに移行するとした。

社会保障制度改革国民会議報告書における社会保障制度改革

- 日本の社会保障は、「自助を基本としつつ、自助の共同化としての共助（＝社会保険制度）が自助を支え、自助と共助で対応できない場合に公的扶助等の公助が補完する仕組み」が基本
- 現在の世代に必要な給付は、現在の世代で賄う必要がある
- 「1970年代モデル」の社会保障から全世代型の「21世紀（2025年）日本モデル」の制度へ改革することが喫緊の課題
- 地域づくりとしての医療・介護・福祉・子育てでは、「21世紀型のコミュニティの再生」を図る必要がある

福祉政策の課題

□イギリスの主な報告

ベヴァリッジ報告 (1942年)	・「５つの巨人悪」に対する社会保障 （窮乏、疾病、無知、不潔、怠惰） ・ナショナルミニマム保障 （最低生活保障） ・社会保障計画は、社会保障、国民扶助、任意保険の３つの異なった方法を組み合わせて行うことを示した ・均一給付、均一拠出の社会保険方式
シーボーム報告 (1968年)	・パーソナル・ソーシャルサービス部門を創設 ・居住、入所保護を統一的に実施 →この報告の影響を受け、地方自治体社会サービス法が制定された
ウルフェンデン報告 (1978年)	・インフォーマルな支援ネットワーク →ボランタリーな組織について、政策的な視点から位置づけを明確にした
バークレイ報告 (1982年)	・コミュニティソーシャルワーク志向 →コミュニティソーシャルワーカーの任務は、社会的ケア活動とカウンセリングであるとした
グリフィス報告 (1988年)	・コミュニティケアの改革 （ケアマネジメントへの言及、ケアマネジャーの配置等の具体的指針） ・コミュニティケアの主たる責任は地方自治体 ・国民保健サービス（NHS）とコミュニティケア法の成立に対して大きな影響力をもつ

普遍主義と選別主義

	普遍主義	選別主義
背景思想	ベヴァリッジの社会保障論	新保守主義
対象	全国民	資力調査（ミーンズ・テスト）の基準を下回った最小限の利用者
制度の例	医療保険制度	生活保護制度
長所	・スティグマ（負の烙印）の付与がない ・ソーシャル・インクルージョンの実現	ニーズがある層への資源を集中できるので効率が良い
短所	・財政負担大 ・目標効率が悪い ・選別的給付を廃止できない	・スティグマの付与がある ・福祉サービス基準が 2 種類になる ・ソーシャル・エクスクルージョンを引き起こす ・自立を阻害する可能性

貧困に関する理論の提唱者

タウンゼント	**相対的剝奪**（必要な資源が不足しているために社会規範のなかで通常当然とみなされる生活様式を共有できない状態）の概念を精緻化し相対的貧困を論じた
リスター	ラウントリーの絶対的貧困とタウンゼントの相対的貧困の二分法による論争を終わらせようとした。物的困難が中心にあると同時に非物的（社会・文化）困難がその外側についてまわることを論じた
スピッカー	貧困の多様な意味を、物質的状態、経済的境遇、社会的地位の 3 つの群に整理した
ルイス	貧困者には貧困に至る共通の要因、貧困の文化（culture of poverty）があると論じた

相対的貧困率と絶対的貧困率

相対的貧困率	1 人当たり可処分所得を低い順に並べ、中央値の半分に満たない人の割合
絶対的貧困率	必要最低限の食料や生活必需品を購入できる所得・消費水準に満たない人の割合

一問一答 ＋穴埋めドリル！

1 ニード（ニーズ）

Q 001 □□
ノーマティブ・ニード（規範的ニード）やフェルト・ニード（感得されたニード）といったニードの類型を提唱したのは、〔　　　　　　　　〕である。

Q 002 □□
ニードがある利用者本人ではなく、専門家、行政職員、研究者などが決定・判断するニードを、〔　　　　〕ニードという。

Q 003 □□
利用者本人が福祉サービスの必要性を感じ、自覚しているニードを、〔　　　　　　〕ニードという。

Q 004 □□
要介護認定を受けてデイサービスを利用している人がいるから、同程度の認定を受けたらデイサービスを利用すると判断するのは、〔　　〕ニードに該当する。

Q 005 □□
感得されたニードと〔　　〕されたニードの場合は、本人がそのニードを自覚している。

Q 006 □□
福祉サービス需要においてまだ顕在化されていない需要のことを、〔　　　　　〕という。

Q 007 □□
センは、『財と潜在能力』（1985年）において、人間のニード充足を財の〔　　〕からもたらされる効用によって定義する学説を批判した。

Q 008 □□
三浦文夫は、日本における社会福祉の発展の中で、〔　　〕ニードが貨幣的ニードと並んで、あるいはそれに代わって、社会福祉の主要な課題になると述べた。

A 001 ブラッドショー

ブラッドショーは、ノーマティブ・ニード（規範的ニード）、フェルト・ニード（感得されたニード）、エクスプレスト・ニード（表明されたニード）、コンパラティブ・ニード（比較ニード）というニードの類型を提唱した。

A 002 規範的

規範的ニードは、ノーマティブ･ニードともいい、専門家、行政官、研究者などが「望ましい」基準との対比において、存在を認めたニードをいう。

A 003 感得された

感得されたニードは、フェルト・ニードともいい、本人の主観的な感覚に基づくため、客観的にはニードがあるにもかかわらず福祉サービスを利用していないことも生じる。

A 004 比較

比較ニードとは、コンパラティブ・ニードともいい、利用している他者と比較して、ニードがあると判断されるものである。

A 005 表明

感得されたニードおよび表明されたニードは、本人がそのニードを自覚している主体的な必要を指すものである。

A 006 潜在需要

感得されたニード、規範的ニード、比較ニードは、潜在需要とされている。サービス供給体制の整備に伴い、潜在的な福祉ニードが顕在化することがある。

A 007 消費

センは、『財と潜在能力』において、人間のニード充足を財の消費からもたらされる効用によって定義する学説を批判し、達成できる機能の集合である潜在能力によって評価すべきとする理論を提唱した。

A 008 非貨幣的

三浦文夫は、社会福祉のニーズを貨幣的ニードと非貨幣的ニードに区分し、非貨幣的ニードに対する地域福祉を基盤にすえたサービスの供給システムについて理論化した。

2 諸外国の福祉政策

Q 009 □□ ティトマスが提唱する福祉政策の3類型では、アメリカやイギリスのようなモデルを〔　　　　〕モデルとした。

Q 010 □□ エスピン-アンデルセンは、自由主義・保守主義・〔　　　　〕主義という3類型からなる福祉レジーム論を提示した。

Q 011 □□ スウェーデンは社会民主主義レジーム、ドイツは〔　　　　〕レジームに属する。

Q 012 □□ 政府による規制を、経済的規制と社会的規制に分けると、福祉サービスに関する規制は〔　　〕的規制に分類される。

Q 013 □□ イギリスにおいては、1802年制定の〔　　〕法によって、年少者の労働時間が制限されるようになった。

Q 014 □□ 1834年制定の（イギリス）新救貧法は、〔　　〕処遇の原則を定めた。

Q 015 □□ イギリスの国民保険法（1911年制定）は、健康保険と〔　　〕保険から成るものとして創設された。

Q 016 □□ ベヴァリッジ報告では、窮乏の解決には〔　　　　〕が重要であるとした。

Q 017 □□ ベヴァリッジ報告で示した社会保障計画についての3つの方法とは、社会保障、国民扶助、〔　　　　〕である。

A 009 残余的福祉

ティトマスが提唱する福祉政策の3類型では、アメリカやイギリスのようなモデルを残余的福祉モデル、ドイツのようなモデルを産業的業績達成モデル、北欧のようなモデルを制度的再配分モデルと呼んだ。

A 010 社会民主

エスピン-アンデルセンは、脱商品化・階層化・脱家族化などの指標を用いて、3類型からなる福祉レジーム論を提示した。福祉レジームの違いによって、各福祉国家の姿も異なるとしている。

A 011 保守主義

アメリカやオーストラリアは自由主義レジーム、スウェーデンやデンマークは、社会民主主義レジーム、ドイツやフランスは保守主義レジームに属する。

A 012 社会

政府による規制を、経済的規制と社会的規制に分けると、福祉サービスや雇用・労働に関する規制は社会的規制に分類される。経済的規制は、価格規制や輸入規制、保険業や金融業の規制等を指す。

A 013 工場

イギリスでは、1802年制定の工場法によって、年少者の労働時間が制限されるようになった。その後改正によって、女性の労働時間も制限されるようになった。

A 014 劣等

イギリスの新救貧法では、救済を受ける貧民の生活水準が、最下層の労働者の労働や生活よりも劣るものでなければならないという劣等処遇の原則を定めた。

A 015 失業

1911年制定の国民保険法は、健康保険と世界初の失業保険から成るものとして創設され、イギリスにおける社会保障制度の基礎となった。

A 016 ナショナル・ミニマム

ベヴァリッジ報告では、国民生活の発展を妨げるものとして5巨人悪(窮乏、疾病、無知、不潔、怠惰)を示し、窮乏の解決にはナショナル・ミニマムが重要であるとした。

A 017 任意保険

ベヴァリッジ報告では、社会保障計画について、社会保障、国民扶助、任意保険の3つの異なった方法を組み合わせて行なわれるものであるとしている。

Q 018 □□ アメリカでは、1960年代に貧困層への対策として、食糧補助のためのフード・スタンプ制度や就学前教育としての〔　　〕・スタート計画などが導入された。

Q 019 □□ イギリスにおいて、国民保健サービスとコミュニティケア法の成立に影響を与えた報告は〔　　　　　　〕報告である。

Q 020 □□ スウェーデンのエーデル改革は、高齢者の保健医療は広域自治体、介護サービスは〔　　　　　　〕が実施責任を負うとする改革であった。

Q 021 □□ アメリカでは、高齢者に対して〔　　　　　　〕という公的医療保障制度が実施されている。

Q 022 □□ 国際連合が掲げている「持続可能な開発目標」(SDGs) では、〔　　〕に終止符を打つとともに、気候変動や環境保護への取組も求めている。

3 日本の福祉政策

Q 023 □□ 広義の社会保障とは、狭義の社会保障に〔　　〕、戦争犠牲者援護を加えたものである。

Q 024 □□ 社会保障制度審議会の「95年勧告」では、社会保障の理念について、「広く国民に健やかで安心できる生活を保障すること」とし、その基盤を国民の自立と〔　　　　〕であるとした。

Q 025 □□ 2011 (平成23) 年の高齢者の居住の安定確保に関する法律 (高齢者住まい法) の改正において、〔　　　　　　〕高齢者向け住宅の登録制度が創設された。

A 018
ヘッド

アメリカでは、1964年のジョンソン政権時に、貧困対策制度として、食糧補助のためのフード・スタンプ制度や就学前教育としてのヘッド・スタート計画などが導入された。

A 019
グリフィス

1990年制定の国民保健サービスとコミュニティケア法に影響を与えたのは、グリフィス報告（1988年）である。

A 020
コミューン

スウェーデンのエーデル改革では、介護サービスに対する行政責任をランスティング（広域自治体）からコミューン（市町村）に移行させることによって、医療と福祉の統合を図った。

A 021
メディケア

アメリカにおいて、高齢者に対する公的医療保険制度はメディケアであり、低所得者対象の公的医療保険制度をメディケイドという。

A 022
貧困

2015年に国連で開かれたサミットの中で定められた国際社会共通の目標である国際連合が掲げている「持続可能な開発目標」（SDGs）では、貧困に終止符を打つとともに、気候変動や環境保護への取組も求めている。

A 023
恩給

「50年勧告」において、恩給や戦争犠牲者援護は、生存権尊重の社会保障的効果を上げているため、広義の社会保障とされることが示されている。

A 024
社会連帯

「95年勧告」において、「50年勧告」当時の社会保障の理念は最低限度の生活の保障であったが、現在は広く国民に健やかで安心できる生活を保障することが社会保障の基本的理念であるとした。

A 025
サービス付き

2011（平成23）年の高齢者の居住の安定確保に関する法律（高齢者住まい法）の改正において、サービス付き高齢者向け住宅の登録制度が創設され、都道府県知事の登録を受けることとなった。

Q 026 □□

自殺対策基本法では、自殺対策を、生きることへの〔　　　〕な支援としてとらえている。

Q 027 □□

地方公共団体は、公営住宅法に基づき、住宅に困窮する〔　　　　〕を対象とする公営住宅を供給している。

Q 028 □□

「住宅セーフティネット法」では、民間賃貸住宅を賃貸する事業者に対し、〔　　　　　　　　〕の円滑な入居の促進のための施策に協力するよう努めなければならないとされている。

4 貧困の概念

Q 029 □□

車輪になぞらえて、経済的貧困と関係的・象徴的側面の関係を論じたのは、〔　　　　〕である。

Q 030 □□

相対的剥奪指標を用いて相対的貧困を分析したのは、〔　　　　〕である。

Q 031 □□

センが提唱する「潜在能力」とは、〔　　〕の集合のことをいう。

Q 032 □□

センは、豊かな社会のなかで貧しいことは、〔　　　　〕の障害となるとした。

Q 033 □□

ラウントリーが実施したヨーク調査では、最低生活費を基準として貧困を〔　　　〕に計測する方法を生み出した。

A 026
包括的

自殺対策基本法では、自殺対策を、生きることへの包括的な支援としてとらえ、すべての人が個人として尊重され、生きる力を基礎に生きがいや希望をもって暮らせるように支援などを適切に実施することとしている。

A 027
低額所得者

公営住宅法では、公営住宅の入居者が病気にかかっていることその他特別の事情がある場合において必要があると認めるときは、家賃を減免することができるとしている。

A 028
住宅確保要配慮者

民間賃貸住宅を賃貸する事業者に対し、住宅確保要配慮者の円滑な入居の促進のための施策に協力するよう努めなければならないと規定されている。住宅確保要配慮者とは、低額所得者、被災者、高齢者、障害者、子供を養育する者、その他住宅の確保に特に配慮を要する者のことである。

A 029
リスター

リスターは、ラウントリーの絶対的貧困とタウンゼントの相対的貧困の二分法による論争を終わらせようとした。

A 030
タウンゼント

タウンゼントは、相対的剥奪（必要な資源が不足しているために社会規範のなかで通常当然とみなされる生活様式を共有できない状態）の概念を精緻化し相対的貧困を論じた。

A 031
機能

センが提唱する「潜在能力（ケイパビリティ）」とは、人が善い生活や善い人生を生きるために、どのような状態にありたいのか、そしてどのような行動をとりたいのかを結びつけることから生じる機能の集合のことをいう。

A 032
潜在能力

センは、貧困を潜在能力の欠如であるとし、豊かな社会のなかで貧しいことは潜在能力の障害となるとしている。

A 033
科学的

ラウントリーが実施したヨーク調査では、絶対的貧困としての最低生活費を設定し、それを基準として貧困を科学的に計測する方法を生み出した。

5

社会保障

ココ!確認 ポイント・チェック!

2021（令和３）年度社会保障費用統計

□社会保障給付費のポイント

・2021（令和３）年度の社会保障給付費の総額は138兆7433億円
・2021（令和３）年度の国民１人当たりの社会保障給付費は110万550円
・2021（令和３）年度の社会保障給付費を機能別にみると､「高齢」（42.3%）､「保健医療」（33.1%）､「家族」（9.4%）､「失業」（3.1%）などとなっている

□2021（令和３）年度の社会保障財源の構成割合

社会保険料	公費負担	資産収入その他
46.2%	40.4%	13.3%

□2021（令和３）年度の政策分野別社会支出の構成割合

保健	高齢	その他
42.3%	34.1%	23.6%

年金保険

□被保険者

	厚生年金　※旧共済年金	
国民年金（基礎年金）		
第１号被保険者 20歳以上60歳未満（自営業者、学生）	第２号被保険者 （会社員、公務員等の被用者）	第３号被保険者 20歳以上60歳未満（専業主婦：第２号被保険者の被扶養配偶者）

● 2015（平成27）年10月、共済組合の年金（共済年金）は厚生年金に統一（退職年金部分は廃止）。これに伴い、退職共済年金は老齢厚生年金に、障害共済年金は障害厚生年金に、遺族共済年金は遺族厚生年金にそれぞれ統合

□年金額

老齢基礎年金	40年加入・保険料納付の場合…1人月額約6万5000円
老齢厚生年金	保険料納付月数×平均標準報酬月額×支給上率。マクロ経済スライド率により増減

社会保険と社会扶助

	社会保険	社会扶助
機能	防貧	救貧
財源	保険料	税負担（公費負担）
給付対象	被保険者	貧困・低所得者
給付要件	加入	資力調査・所得調査
本人拠出	保険料や自己負担	—
給付水準	各制度により設定	最低生活を保障

医療保険

加入者	職業・経営規模別に ・協会けんぽ（全国健康保険協会＝旧政府管掌健康保険） ・組合管掌健康保険 ・国民健康保険 ・共済組合（共済） のいずれかに加入
被保険者	被保険者本人と家族（被扶養家族）
財源	保険料＋租税
保険料	協会けんぽ、国民健康保険、**共済組合（共済）の場合：被保険者本人の（標準報酬月額＋標準賞与額）×保険料率を毎月納付（労使折半）**
自己負担	協会けんぽ、組合管掌健康保険、共済組合（共済）、国民健康保険とも**被保険者・家族**各3割（義務教育就学前まで2割）。限度額以上は高額療養費を支給。国民健康保険もほぼ同様だが、保険者（市町村）によって相違
退職者医療制度	市町村国民健康保険の被保険者のうち、**厚生年金・共済年金の老齢（退職）年金受給者**が対象
保険料	退職時の**標準報酬月額×保険料率**
医療給付・費	療養（診察・治療）の給付と医療費の支給（月額自己負担額以上は高額療養費）。保険料：全額負担

高齢者医療制度の自己負担

	前期（70～74歳）	後期（75歳以上）
原則	2割	1割
一定所得以上	3割	3割

労働保険

労働保険		
	労災保険	雇用保険
事故	業務災害・通勤災害	失業
適用	全事業所 （農林水産業は任意）	全事業所 （農林水産業は除く）
保険料	事業主のみ	労使折半 ＋ 事業主別途追加
給付	労災保険給付	失業等給付 ＋ 雇用保険二事業

失業等給付の種類

求職者給付	基本手当、技能習得手当、寄宿手当、傷病手当がある
就職促進給付	就業促進手当、移転費、求職活動支援費がある
教育訓練給付	教育訓練給付金がある
雇用継続給付	高年齢雇用継続給付、介護休業給付がある

※求職者給付や雇用継続給付に要する費用には、基本的に国庫負担がある。日雇労働求職者給付や高年齢求職者給付など、国庫負担がないものもある。

雇用保険二事業

雇用安定事業	雇用安定事業被保険者等に関し失業の予防を図るとともに、雇用状態の是正、雇用機会の増大等、雇用の安定を図るための事業
能力開発事業	職業訓練施設の整備、労働者の教育訓練受講の援助など、職業生活の全期間を通じた労働者の能力の開発・向上を図るための事業

介護保険

<table>
<tr><td>特徴</td><td colspan="2">・市町村（特別区を含む）を保険者、市町村の住民を被保険者とする地域保険
・保険給付が加入期間に関係なく支給される短期保険
・被保険者資格の要件を満たした場合、自動的に被保険者となる強制適用の仕組みを採用</td></tr>
<tr><td rowspan="2">被保険者</td><td>第１号被保険者</td><td>市町村の区域内に住所を有する65歳以上の者</td></tr>
<tr><td>第２号被保険者</td><td>市町村の区域内に住所を有する40歳以上65歳未満の医療保険加入者</td></tr>
<tr><td>保険給付</td><td colspan="2">介護給付、予防給付、市町村特別給付の３種類</td></tr>
<tr><td>費用負担</td><td colspan="2">保険給付の１割を自己負担（一定以上の所得がある場合は２割、２割負担者のうち特に所得の高い者は2018〈平成30〉年８月から３割）</td></tr>
</table>

介護保険料の徴収方法

<table>
<tr><td>特別徴収</td><td>医療被保険者や年金被保険者が、医療保険・年金保険を支払う際に、医療保険・年金保険からの天引きによって、介護保険料を徴収して、市町村へ納入する方法</td></tr>
<tr><td>普通徴収</td><td>被保険者が、介護保険料を市町村の条例で定める保険料の納期内に、直接市町村に納入する方法
※普通徴収の方法によって徴収する保険料の収納事務を私人に委託することができるため、コンビニエンスストアなどでも支払い可能
※普通徴収の対象とされる第１号被保険者の配偶者及び世帯主は、保険料の連帯納付義務を負う</td></tr>
</table>

一問一答 ＋穴埋めドリル！

1　人口動態

Q 001
□□
「令和４年（2022）人口動態統計（確定数）の概況」によると、2022（令和４）年の出生数は77万759人で、前年に比べて〔　　〕している。

Q 002
□□
「令和４年（2022）人口動態統計（確定数）の概況」によると、2022（令和４）年の合計特殊出生率は、〔　　　　〕である。

Q 003
□□
「令和４年（2022）人口動態統計（確定数）の概況」によると、2022（令和４）年の婚姻件数は、同年の離婚件数よりも〔　　〕。

Q 004
□□
「令和４年簡易生命表の概況」によると、2022（令和４）年の女性の平均寿命は、90年を〔　　　　〕いる。

2　社会保障費用統計

Q 005
□□
「令和３年度社会保障費用統計」によると、2021（令和３）年度の部門別社会保障給付費の構成割合をみると、〔　　〕が最も高い。

Q 006
□□
「令和３年度社会保障費用統計」によると、2021（令和３）年度の社会保障財源をみると〔　　　　　〕の割合が最も高い。

Q 007
□□
「令和３年度社会保障費用統計」によると、2021（令和３）年度の１人当たりの社会支出と社会保障給付費をみると、〔　　　　〕の方が高い。

A 001　減少

「令和４年（2022）人口動態統計（確定数）の概況」によると、2022（令和４）年の出生数は77万759人で、前年に比べて減少し、1899（明治32）年の調査開始以来最少となった。

A 002　1.26

「令和４年（2022）人口動態統計（確定数）の概況」によると、2022（令和４）年の合計特殊出生率は、1.26で、前年の1.30より減少している。

A 003　多い

「令和４年（2022）人口動態統計（確定数）の概況」によると、2022（令和４）年の婚姻件数は50万4930組、離婚件数は17万9099組となっている。

A 004　下回って

「令和４年簡易生命表の概況」によると、2022（令和４）年の女性の平均寿命（０歳平均余命）は、87.09年となっている。

A 005　年金

2021（令和３）年度の部門別社会保障給付費の構成割合をみると、年金が40.2％と最も高く、医療が34.2％、福祉その他の25.6％となっている。

A 006　社会保険料

2021（令和３）年度の社会保障財源をみると、総額は163兆4389億円であり、その内訳は社会保険料46.2％、公費負担40.4％、資産収入その他13.3％となっている。

A 007　社会支出

「令和３年度社会保障費用統計」によると、2021（令和３）年度の１人当たりの社会支出は113万9300円となっており、１人当たりの社会保障給付費は110万550円となっている。

3 諸外国の社会保障

Q 008 □□
ドイツでは、〔　　〕世紀の末に世界で最初に社会保険が制度化された。

Q 009 □□
イギリスには、国民保健サービス（〔　　　〕）により、医療サービスが税財源によって提供されている。

Q 010 □□
アメリカには、高齢者向けの〔　　　　　〕という公的な医療保障制度がある。

Q 011 □□
アメリカの低所得者のための医療扶助を〔　　　　　　〕という。

Q 012 □□
ドイツの介護保険制度では、〔　　　　〕を選ぶことができる。

Q 013 □□
スウェーデンの医療保障制度は、〔　　　　　　　〕が運営し、費用はその税収と患者の一部負担で賄っている。

Q 014 □□
フランスでは、1945年に〔　　　　〕・プランが策定され、被用者中心の社会保障制度が全国民を対象とする制度になった。

4 年金保険制度

Q 015 □□
1959（昭和34）年に〔　　　　〕法が制定されたことにより、国民皆年金体制が実現することになった。

Q 016 □□
老齢基礎年金は、〔　　〕年間保険料を納付すると、満額の支給が受けられる。

A 008
19

ドイツでは、1880年代にビスマルクが『疾病保険法』『災害補償法』『養老及び廃疾保険法』などを制定した。

A 009
NHS

イギリスは、NHSによって、一般医の診療は原則無料となっている。ただし、薬剤には自己負担がある。

A 010
メディケア

アメリカの高齢者と障害者のための健康保険をメディケアという。

A 011
メディケイド

アメリカの低所得者のための医療扶助をメディケイドという。

A 012
現金給付

ドイツの介護保険制度は、公的医療保険に加入する全国民を被保険者としており、家族が介護した場合に介護手当として現金給付を選択できる制度が設けられている。

A 013
ランスティング

スウェーデンの社会保障は、政府や地方自治体の役割が大きく、コミューン（基礎的自治体）、ランスティング（広域自治体）、国の3者で役割分担をしている。

A 014
ラロック

フランスでは、自由業者、農業経営者、商工業者など、職域に基づいて社会保障制度が適用される。

A 015
国民年金

1959（昭和34）年に国民年金法が制定されたことによって、公的年金制度の対象に自営業者等が加わり、国民皆年金体制が実現した。

A 016
40

老齢基礎年金は、40年間保険料を納付した場合に満額の支給が受けられる。

Q 017
□□
老齢基礎年金は、受給者の選択により〔　　〕歳から繰り上げ受給をすることができる。

Q 018
□□
老齢基礎年金の年金額の算定には、保険料免除を受けた期間の〔　　〕が反映される。

Q 019
□□
老齢基礎年金の給付に要する費用は、その〔　〕割が国庫負担で賄われている。

Q 020
□□
遺族基礎年金は、死亡した国民年金の被保険者等によって生計を維持されていた、子のある〔　　〕、または子に対して支給される。

Q 021
□□
死亡した被保険者の子が〔　　〕権を取得した遺族基礎年金は、生計を同じくするその子の父または母がある間は支給停止される。

Q 022
□□
確定拠出年金には、国民年金の第〔　〕号被保険者である自営業者も加入できる。

Q 023
□□
厚生年金保険の被保険者は、国民年金の第〔　〕号被保険者となる。

Q 024
□□
厚生年金の被保険者は、適用事業所に常時使用される〔　　〕歳未満の者である。

Q 025
□□
国民年金の学生納付特例制度により、保険料納付の猶予を受けた者が保険料を〔　　〕年以内に追納すれば、老齢基礎年金の支給額に反映される。

A 017
60

老齢基礎年金の受給開始年齢は、原則65歳であるが、受給者の選択により60～64歳での繰上げ（減額）受給、66～75歳での繰下げ（増額）受給をすることができる。

A 018
月数

老齢齢基礎年金の年金額を計算するときに、保険料免除の承認を受けた期間がある場合は、保険料を全額納付した場合と比べて年金額が低額となるが、免除割合に応じて受けた月数が反映される。

A 019
5

老齢基礎年金は、給付に要する費用の5割が国庫負担で賄われている。

A 020
配偶者

遺族基礎年金は、「子のある妻」または「子」に支給される規定だったが、2014（平成26）年4月より父子家庭も対象となった。

A 021
受給

子に特有の遺族基礎年金の支給停止事由として、生計を同じくするその子の父もしくは母がいる場合や、夫や妻が遺族基礎年金の受給権を有する場合がある。

A 022
1

国民年金の第1号被保険者である自営業者は、国民年金基金連合会が実施する確定拠出年金の個人型年金に加入することができる。

A 023
2

厚生年金保険の被保険者は、国民年金の第2号被保険者となり、国民年金と厚生年金保険の両制度の被保険者となる。

A 024
70

社員だけでなく、1週の所定労働時間及び1か月の所定労働日数が常時雇用者の4分の3以上の者等も、厚生年金の被保険者である。

A 025
10

国民年金の学生納付猶予の特例期間については、過去10年以内であれば保険料をさかのぼって納めることで、将来受け取る老齢基礎年金を増額することができる。

Q 026
□□
国民年金の第３号被保険者とは、第〔　〕号被保険者の配偶者であって、主として第〔　〕号被保険者の収入によって生計を維持する20歳以上60歳未満の者である。

Q 027
□□
国民年金の第１号被保険者である夫の被扶養配偶者である妻は、国民年金の第〔　〕号被保険者となる。

5 医療保険

Q 028
□□
日本で最初の社会保険立法である〔　　　　〕法は、1922（大正11）年に制定された。

Q 029
□□
健康保険制度の保険給付によって被保険者が出産した場合、出産の日の前後の一定期間のうち、労務に服さなかった期間について〔　　　　〕が支給される。

Q 030
□□
健康保険の保険給付によって被保険者本人が出産した場合には、出産手当金と出産〔　　　　〕が支給される。

Q 031
□□
健康保険組合では、保険料の事業主負担割合を被保険者の負担割合よりも〔　　〕設定することができる。

Q 032
□□
国民健康保険において、各市町村の国保事業費納付金を決定するのは〔　　　　〕である。

Q 033
□□
国民健康保険において、保険料の算定方式などを定めるのは〔　　　〕である。

Q 034
□□
健康保険の被保険者が病気やケガのために会社を休んだときは、〔　　　　〕金が支給される。

A 026
2

国民年金の第3号被保険者は、第2号被保険者の配偶者で、日本国内に住所を有する者や、日本国内に生活の基礎があると認められる者で、年収が130万円未満などの要件を満たせば、夫、妻いずれも対象となる。

A 027
1

国民年金の第1号被保険者である夫の被扶養配偶者である妻は、夫と同様、国民年金の第1号被保険者となる。

A 028
健康保険

日本初の社会保険立法である健康保険法は1922（大正11）年に制定されたが、翌年の関東大震災の影響により、施行は1927（昭和2）年となった。

A 029
出産手当金

健康保険制度の保険給付で、被保険者が出産した場合、出産の日の前後の一定期間のうち、出産のために労務に服さず、給料が得られなかった期間について出産手当金が支給される。

A 030
育児一時金

健康保険の保険給付によって被保険者本人が出産した場合には、その健康保険から出産手当金と出産育児一時金の両方を受給することができる。

A 031
多く

健康保険組合の保険料の負担割合の特例として「健康保険組合は規約で定めるところにより、事業主の負担すべき一般保険料額または介護保険料額の負担の割合を増加することができる」とされている。

A 032
都道府県

国民健康保険において、各市町村の国保事業費納付金は、財政運営の責任主体である都道府県が決定する。

A 033
市町村

国民健康保険では、都道府県が示した標準保険料率を参考に、市町村が保険料の算定方式などを定める。

A 034
傷病手当

健康保険の被保険者が病気やケガのために会社を休んだときは、標準報酬月額の3分の2に相当する額が傷病手当金として支給される。

Q 035
□□
2020（令和２）年度から、国民健康保険の〔　　　　〕の要件に「原則として国内に居住していること」が追加された。

Q 036
□□
後期高齢者医療制度における国と地方自治体の負担割合は〔　〕対１である。

Q 037
□□
70歳から74歳までの医療保険加入者の一部負担金は、加入者が現役並み所得者である場合には、療養の給付に要した費用の〔　〕割の額である。

Q 038
□□
75歳以上の後期高齢者医療制度の加入者の一部負担金は、加入者が現役並み所得者である場合、療養の給付に要した費用の〔　〕割の額である。

6 雇用保険制度

Q 039
□□
雇用保険の保険者は、〔　〕である。

Q 040
□□
１週間の所定労働時間が〔　　〕時間未満の者については、雇用保険は適用されない。

Q 041
□□
雇用保険の保険料は、〔　　　〕と被保険者が分担して負担する。

Q 042
□□
雇用継続給付には、〔　　　　　　　〕給付及び介護休業給付がある。

Q 043
□□
雇用保険二事業は、〔　　　　〕性の向上に資するものとなるよう留意する必要がある。

A 035
被扶養者

2020（令和２）年度から、国民健康保険や健康保険の被扶養者の要件に「原則として国内に居住していること」が追加された。これは、国民年金の被扶養配偶者の要件も同様である。

A 036
2

後期高齢者医療制度における公費負担の割合は、国が３分の２、都道府県と市町村は６分の１ずつとなっていることから、国と地方自治体の負担割合は２対１となる。

A 037
3

70歳から74歳までの医療保険加入者の一部負担金は、加入者が現役並み所得者である場合、療養の給付に要した費用の３割の額である。

A 038
3

75歳以上の後期高齢者医療制度の加入者の一部負担金は、療養の給付に要した費用の１割の額が原則であるが、その者が現役並み所得者である場合は３割の額となる。

A 039
国

雇用保険の保険者は、国である。各種の事務手続きの窓口は、公共職業安定所（ハローワーク）となっている。

A 040
20

同一事業に継続して31日以上雇用されることが見込まれない者、昼間学生についても雇用保険は適用されない。

A 041
事業主

雇用保険の保険料は、事業主だけでなく、労働者も負担する。なお、雇用保険二事業の費用は、事業主負担、失業等給付の費用は、労使折半である。

A 042
高年齢雇用継続

失業等給付には、求職者給付、就職促進給付、教育訓練給付、雇用継続給付があり、雇用継続給付には、高年齢雇用継続給付（高年齢雇用継続基本給付金と高年齢再就職給付金）、介護休業給付がある。

A 043
労働生産

雇用保険法では、雇用保険二事業の理念として、「被保険者等の職業の安定を図るため、労働生産性の向上に資するものとなるよう留意しつつ、行われるものとする」旨が掲げられている。

6

権利擁護を支える法制度

ココ!確認　ポイント・チェック!

日本国憲法における国民の権利及び義務

幸福追求権及び公共の福祉（第13条）	すべて国民は、個人として尊重される。生命、自由及び幸福追求に対する国民の権利については、公共の福祉に反しない限り、立法その他の国政の上で、最大の尊重を必要とする
思想・良心の自由（第19条）	思想及び良心の自由は、これを侵してはならない
信教の自由（第20条）	信教の自由は、何人に対してもこれを保障する。いかなる宗教団体も、国から特権を受け、又は政治上の権力を行使してはならない
集会・結社・表現の自由（第21条）	集会、結社及び言論、出版その他一切の表現の自由は、これを保障する
居住移転・職業選択の自由（第22条）	何人も、公共の福祉に反しない限り、居住、移転及び職業選択の自由を有する
学問の自由（第23条）	学問の自由は、これを保障する
生存権（第25条）	すべて国民は、健康で文化的な最低限度の生活を営む権利を有する
教育を受ける権利、教育の義務（第26条）	すべて国民は、法律の定めるところにより、その能力に応じて、ひとしく教育を受ける権利を有する。また、すべて国民は、法律の定めるところにより、その保護する子女に普通教育を受けさせる義務を負う。義務教育は、これを無償とする
勤労の権利、勤労の義務（第27条）	すべて国民は、勤労の権利を有し、義務を負う。賃金、就業時間、休息その他の勤労条件に関する基準は法律で定める
納税の義務（第30条）	国民は、法律の定めるところにより、納税の義務を負う

自由権の３類型

精神的自由権	思想・良心の自由、信教の自由、集会・結社・表現の自由、検閲の禁止、通信の秘密、学問の自由
身体的自由権	奴隷的拘束及び苦役の禁止、適正手続きの保障、被疑者・被告人の権利、拷問及び残虐な刑罰の禁止、刑罰法規の不遡及（過去に遡って処罰されないこと）、二重処罰（処罰された罪を別の罪としても処罰すること）の禁止
経済的自由権	居住・移転・職業選択の自由、外国移住・国籍離脱の自由、財産権の保障

社会権の４類型

生存権の保障	・健康で文化的な最低限度の生活を営む（生存権） ・国は社会福祉・社会保障・公衆衛生の向上に努める
教育を受ける権利の保障	・普通教育を受けさせる親の義務 ・国の義務としての教育条件整備
勤労の権利と義務	・勤労は国民の権利かつ義務 ・国の義務としての労働環境整備
労働基本権の保障	・団結権（労働組合を結成する権利） ・団体交渉権（労働条件その他の労働関係を交渉する権利） ・団体行動権（争議権）

契約の分類

□双務契約と片務契約

双務契約	契約当事者が相互に対価としての意義を有する債務を負担する契約のこと
片務契約	契約当事者が相互に対価としての意義を有する債務を負担しない契約のこと

□諾成契約と要物契約

諾成契約	当事者間の合意で成立する契約のこと
要物契約	当事者間の合意に加え、一定の給付があることで成立する契約のこと

扶養義務をもつ者

扶養義務者	内容	備考
夫婦	夫婦相互の扶養義務	—
親	親権者の扶養義務 非親権者の扶養義務	非親権者に監護に要する 費用の分担義務あり
直系血族と 兄弟姉妹	成人した子の親への扶養義務 兄弟姉妹の相互の扶養義務	経済的援助と解釈され、 監護義務・介護義務なし
三親等内の 親族	家庭裁判所の審判により 扶養義務が生じる	

成年後見制度

□法定後見の類型

後見人	判断能力を欠く者（常に自分で判断して法律行為を行えない程度）に対して選任されるものであり、本人の財産に関する全ての法律行為について代理権や取消権を有する
保佐人	判断能力が特に不十分な者（法律で定められた重要な事項への援助を要する程度）に対して選任されるものであり、同意権や取消権を有するほか、特定の法律行為に関して代理権を有することも可能である
補助人	判断能力が不十分な者（難しい事柄に対して援助を要する程度）に対して選任されるものであり、当事者が申立てたものについて同意権や取消権を有することができるほか、当事者が申し立てた特定の法律行為について代理権を有することも可能である

□任意後見の過程

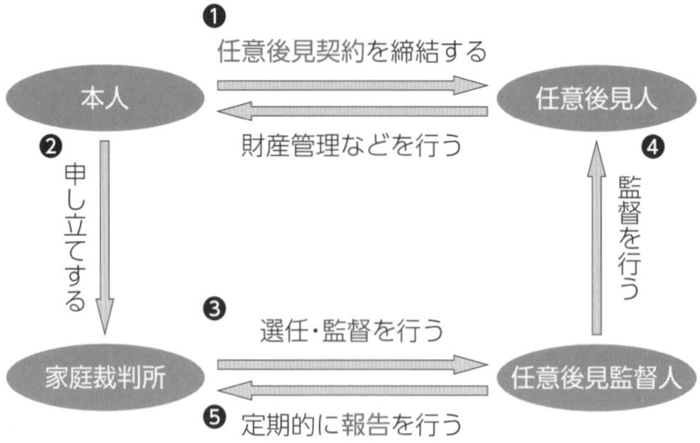

養子縁組の種類と特徴

種類	特徴	相続	離縁
普通養子縁組	実親との 親子関係継続	養親と実親に 対する相続権	協議により離縁
特別養子縁組	実親との 親子関係終了	養親に 対する相続権	家庭裁判所の許可 により離縁

日常生活自立支援事業

実施主体	・都道府県・指定都市社会福祉協議会（窓口業務等は市町村社会福祉協議会等で実施）
対象者	・認知症高齢者、知的障害者、精神障害者などで判断能力が不十分な人 ・施設や病院に入所、入院した場合でも利用可 ・本事業の契約の内容について判断し得る能力を**有している**と認められる人
援助内容	・福祉サービスの利用援助 ・苦情解決制度の利用援助 ・住宅改造、居住家屋の貸借、日常生活上の消費契約及び住民票の届出等の行政手続に関する援助等 ・預金の払い戻し、預金の解約、預金の預け入れの手続等利用者の日常生活費の管理（日常的金銭管理） ・定期的な訪問による生活変化の察知
利用方法	・相談の受付（市町村社協）⇒相談・打ち合わせ（専門員）⇒契約書・支援計画の作成（専門員）⇒契約⇒サービスの開始（生活支援員） ・契約内容や本人の判断能力等の確認を行う「契約締結審査会」及び適性な運営を確保するための監督を行う第三者的機関である「運営適正化委員会」を設置している
利用料金	・相談や支援計画の作成にかかる費用は無料 ・福祉サービス利用手続き、金銭管理などのサービスを利用する際は有料で、**実施主体**が定める料金を支払う。平均1200円程度

一問一答 ＋穴埋めドリル！

1 ソーシャルワークと法の関わり

Q 001 □□
特定商取引法に規定される訪問販売のクーリング・オフ期間は、〔　〕日間である。

Q 002 □□
メディアで広告し電話などで契約する〔　　〕販売には、クーリング・オフ制度は適用されない。

Q 003 □□
マルチ商法などの連鎖販売取引のクーリング・オフ期間は、〔　　〕日間である。

Q 004 □□
日本国憲法に明記されている国民の三大義務は、〔　　〕の義務、勤労の義務、納税の義務である。

Q 005 □□
日本国憲法における社会権には、生存権、教育を受ける権利、勤労の権利、〔　　　　〕権がある。

Q 006 □□
日常生活自立支援事業における日常的金銭管理の根拠を民法上の典型契約に求める場合、〔　　〕契約に該当する。

Q 007 □□
自筆証書遺言を発見した相続人は、〔　　　　　　〕の検認を請求しなければならない。

Q 008 □□
行政庁が、税の滞納処分など、判決を得なくても強制執行をする力をもつことを、〔　　　　　〕という。

A 001
8

事業者が自宅などを訪問して販売を行う訪問販売（キャッチセールス等により店舗で取引を行う場合も含む）のクーリング・オフ期間は8日間である。

A 002
通信

通信販売は、店舗購入と同様、自主的・積極的な取引とみなされるため、クーリング・オフ制度は適用されない。

A 003
20

販売組織を連鎖的に拡大する取引の契約である連鎖販売取引のクーリング・オフ期間は、20日間である。

A 004
教育

日本国憲法に定められた国民の三大義務とは、教育の義務（第26条第２項）、勤労の義務（第27条第１項）、納税の義務（第30条）を指す。

A 005
労働基本

労働基本権の保障として、団結権（労働組合を結成する権利）、団体交渉権（労働条件その他の労働関係を交渉する権利）、団体行動権（争議権）が示されている。

A 006
委任

委任は、当事者の一方（委任者）が法律行為をすることを相手方に委託し、相手方（受任者）がこれを承諾することによって、その効力を生ずる契約をいう。年金などを受け取る手続きや公共料金などの支払い、預貯金の出し入れなどを行う日常生活自立支援事業における日常的金銭管理の根拠となる契約である。

A 007
家庭裁判所

遺言書の保管者またはこれを発見した相続人には、遺言者の死亡を知った後、家庭裁判所の検認を請求しなければならない。

A 008
自力執行力

一般に執行力は判決に基づいて生じるが、税金の滞納処分者に対する強制執行など、行政庁は自力での執行力をもつ。これを自力執行力という。

Q 009 □□

行政事件訴訟法は、行政事件訴訟を、抗告訴訟、当事者訴訟、〔　　〕訴訟、機関訴訟の4つに分類している。

Q 010 □□

行政処分ではない行政の活動に対して関係者である私人が訴えるものを、〔　　　〕訴訟という。

2 成年後見制度

Q 011 □□

成年後見制度は、〔　　〕による法定後見制度と、任意後見契約に関する法律による任意後見制度に分かれる。

Q 012 □□

成年被後見人が行った〔　　　　〕に関する行為以外の法律行為は、基本的に取り消すことができる。

Q 013 □□

保佐開始や後見開始の申立てでは、本人の〔　　〕は不要である。

Q 014 □□

法定後見制度の申立権者は、本人、配偶者、〔　　　〕内の親族、検察官などである。

Q 015 □□

被後見人に対して〔　　〕をし、またはした者並びにその配偶者及び直系血族は、成年後見人になることができない。

Q 016 □□

保佐開始後、被保佐人が保佐人の〔　　〕を得ずに高額の借金をした場合、被保佐人及び保佐人いずれからも取り消すことができる。

A 009
民衆

抗告訴訟と当事者訴訟を主観訴訟といい、個人の権利や利益を守ることを目的として裁判を行う（法律上の争訟）。それに対し、民衆訴訟と機関訴訟は客観訴訟であり、法秩序の適正維持という公益を目的とする。

A 010
当事者

行政処分ではない行政の活動に対して直接的な関係者ではない者が訴えるものを民衆訴訟という。

A 011
民法

法定後見制度には対象者の判断能力によって後見・保佐・補助の3類型がある。

A 012
日常生活

日常生活に関する行為とは、食料品や日用品の購入、運賃等の支払いなど通常の日常生活を送るうえでの行為で、そのための預貯金の払い戻しも含む。ただし、本人の日常生活の水準や資産状況に合わせて判断される。

A 013
同意

補助開始の申立ての場合には、本人の同意が必要になる。

A 014
四親等

法定後見制度の申立権者は、本人、配偶者、四親等内の親族、未成年後見人等（本人が未成年の場合）、検察官、任意後見受任者等（任意後見契約後に法定後見開始の審判をする場合）、市町村長などである。

A 015
訴訟

民法では、成年後見人となることができない者として①未成年者、②家庭裁判所で免ぜられた法定代理人、保佐人または補助人、③破産者、④被後見人に対して訴訟をし、またはした者並びにその配偶者及び直系血族、⑤行方の知れない者の５つの欠格事由が定められている。

A 016
同意

保佐開始後、被保佐人が、借金や家の新築など法律で定められた財産上の重要な行為を行うには、保佐人の同意が必要になる。保佐人の同意がない場合は、当該行為を被保佐人及び保佐人のいずれからも取り消すことができる。

Q 017 □□ 補助監督人がいない場合で利益相反するときには、補助人は〔　　〕補助人の選任を請求しなければならない。

Q 018 □□ 「成年後見関係事件の概況（令和５年１月～12月）」によると、「成年後見人等」に選任された最も多い者は、〔　　　　〕である。

Q 019 □□ 「成年後見関係事件の概況（令和５年１月～12月）」によると、申立ての動機として最も多かったのは、〔　　　　〕等の管理・解約である。

Q 020 □□ 任意後見契約は、〔　　　　　〕によって締結しなければならない。

Q 021 □□ 任意後見人の権限は、〔　　　　〕のみであり、任意後見監督人の監督の下、契約で定めた特定の法律行為を本人に代わって行う。

Q 022 □□ 任意後見人を解任することができるのは、〔　　　　　〕である。

Q 023 □□ 成年後見制度〔　　　　　〕事業は、介護保険では任意事業であるが、障害者総合支援法では必須事業とされている。

Q 024 □□ 成年後見制度利用支援事業は、申立て費用だけでなく、成年後見人等の〔　　〕も対象とすることができる。

Q 025 □□ 〔　　　　　　　〕機関では、成年後見人の候補者の育成等に関する活動を行う。

A 017
臨時

補助監督人がいない場合で利益相反するときには、補助人は、臨時補助人の選任を家庭裁判所に請求しなければならない。

A 018
司法書士

「成年後見関係事件の概況（令和５年１月～12月）」によると、親族が成年後見人等に選任されたものが全体の約18.1％、親族以外が成年後見人等に選任されたものは、全体の約81.9％で、その中で最も多いのが司法書士（35.9％）次いで弁護士（26.8％）となっている。

A 019
預貯金

「成年後見関係事件の概況（令和５年１月～12月）」によると申立ての動機としては、預貯金等の管理・解約が最も多く、次いで身上保護が多くなっている。

A 020
公正証書

任意後見制度を利用するには、公証人による任意後見契約締結の公正証書を作成し、法務局に任意後見契約の登記申請をする必要がある。

A 021
代理権

任意後見契約では、代理権目録に記載された代理権が付与される。

A 022
家庭裁判所

家庭裁判所は、任意後見監督人の定期的な報告を受け、任意後見人に不正があると認められる場合に、任意後見監督人等の請求によって任意後見人を解任できる。

A 023
利用支援

成年後見制度利用支援事業は、介護保険の地域支援事業では任意事業、障害者総合支援法の地域生活支援事業では必須事業となっている。

A 024
報酬

成年後見制度利用支援事業は、制度利用が有益かつ必要と見込まれる者に対し、市町村が申立て費用及び後見報酬を助成する制度である。

A 025
成年後見等実施

成年後見等実施機関は、成年後見制度利用促進法上に「自ら成年後見人等となり、または成年後見人等もしくはその候補者の育成及び支援等に関する活動を行う団体」と定義されている。

Q 026
□□
政府は、成年後見制度の利用の促進に関する施策の総合的かつ計画的な推進を図るため、〔　　　　　　　　〕会議を設けることとされている。

---

3 日常生活自立支援事業

Q 027
□□
日常生活自立支援事業は、判断能力が不十分であっても、日常生活自立支援事業の〔　　　　〕を判断できる能力をもつ者が対象となる。

Q 028
□□
日常生活自立支援事業における日常的金銭管理について、その根拠を民法上の典型契約に求めた場合、〔　　〕契約に該当する。

Q 029
□□
契約締結に当たって、本人の判断能力に疑義がある場合は、〔　　　　〕審査会が利用の可否を判断する。

Q 030
□□
日常生活自立支援事業において、利用者への定期的な訪問等の直接的な支援の業務を行っているのは、〔　　　　〕員である。

Q 031
□□
〔　　〕員の業務として、日常生活自立支援事業に係る利用契約の締結がある。

Q 032
□□
日常生活自立支援事業の実施主体は、〔　　　　〕または指定都市社会福祉協議会である。

Q 033
□□
日常生活自立支援事業において、事業全体の運営監視と利用者からの苦情解決の役割を担うのは、〔　　　　〕委員会である。

A 026
成年後見制度利用促進

政府は、成年後見制度利用促進会議を設置し、関係行政機関は、成年後見制度の利用の促進に関し専門的知識を有する者によって構成する成年後見制度利用促進専門家会議を設置する。

A 027
契約内容

日常生活自立支援事業とは、認知症高齢者、知的障害者、精神障害者等のうち判断能力が不十分であっても、福祉サービスや日常的金銭管理サービスの内容についての判断ができる者の地域での自立生活を支える事業である。

A 028
委任

日常生活自立支援事業における日常的金銭管理について、その根拠を民法上の典型契約に求めた場合、委任契約に該当する。

A 029
契約締結

契約締結に当たって、本人の判断能力に疑義がある場合は、契約締結審査会が利用の可否を判断する。

A 030
生活支援

日常生活自立支援事業において、基幹的社会福祉協議会の非常勤職員である生活支援員は、利用者への定期的な訪問等の直接的な支援の業務を行っている。

A 031
専門

日常生活自立支援事業における専門員の業務には、初期相談、支援計画の策定、利用契約の締結などがある。

A 032
都道府県社会福祉協議会

日常生活自立支援事業の実施主体は、都道府県社会福祉協議会または指定都市社会福祉協議会である。窓口業務は、市町村社会福祉協議会が担っている。

A 033
運営適正化

運営適正化委員会は、社会福祉法に基づいて都道府県社会福祉協議会に設置される、福祉サービスに関する利用者からの苦情解決を目的とした第三者機関（医療、福祉、法律の専門家で構成）である。

7

地域福祉と包括的支援体制

ココ!確認 ポイント・チェック!

代表的な地域福祉の理念や概念

マッキーヴァー	人々の関心のあり方に応じて、コミュニティを人々の共同関心に基づく集団、アソシエーションを特定の関心や目的を追求するために結成される集団とした
ウェルマン	都市化はコミュニティを近隣社会から解放し、地域という空間的枠組みを超えたネットワーク形成を促すとした
三浦文夫	生活課題を貨幣的ニードと非貨幣的ニードに分類し、後者に対応する在宅福祉サービスを充足することを重視した
岡村重夫	地域社会で発生する生活課題の解決を図るために、地域住民の主体的で協働的な問題解決プロセスを重視した考えを示した。また、地域福祉の構成要素として、コミュニティケア、一般地域組織化、福祉組織化、予防的社会福祉の4点を挙げた
永田幹夫	在宅福祉サービスを整備することで、社会福祉サービスを必要とする個人や家族の自立を地域社会の場において図ることを重視し、在宅福祉サービスを、予防的福祉サービス、専門的ケアサービス、在宅ケアサービス、福祉増進サービスに分類した
右田紀久恵	地方自治体における福祉政策の充実や住民自治を基底に据えた自治型地域福祉を重視した。また、地域福祉論の構成要素として、基本的要件、サービス構成要件、運営要件の3点を挙げた
岡本栄一	「地域福祉の4つの志向軸」として、コミュニティ重視志向軸、政策制度志向軸、在宅福祉志向軸、住民の主体形成と参加志向軸を示した
真田是	生活の社会的・共同的な再生産の部分の遅れやゆがみを、住民の参加によって正すことが地域福祉に固有の内容（運動的要素を重視）であるとした
牧里毎治	「地域福祉の2つのアプローチ論」を提唱し、地域福祉を生活問題への制度的対策としてとらえる構造的アプローチと要援護者を対象として構成要件を挙げる機能的アプローチの2つに地域福祉論を大別した

社会福祉協議会の主な事業内容

市町村 社会福祉協議会	・社会福祉を目的とする事業の企画・実施 ・社会福祉活動への住民参加に向けた援助 ・社会福祉を目的とする事業に関する調査・普及・宣伝・連絡・調整・助成
都道府県 社会福祉協議会	・市町村社会福祉協議会の事業のうち、広域的な見地から行うことが適切なもの ・社会福祉従事者の養成・研修 ・社会福祉を目的とする事業の経営に関する指導・助言 ・市町村社会福祉協議会の相互連絡・事業の調整

民生委員制度の主な歴史

1917（大正６）年	岡山県知事の**笠井信一**⇒済世顧問制度発足 ドイツのエルバーフェルト市「救貧委員制度」を参考
1918（大正７）年	大阪府知事の**林市蔵、小河滋次郎**⇒方面委員制度発足
1946（昭和21）年	民生委員令公布により方面委員⇒民生委員へ改称
1947（昭和22）年	児童福祉法公布により民生委員が児童委員を兼ねる
1977（昭和52）年	民生委員制度創設60周年⇒「民生委員・児童委員の日」制定
1994（平成６）年	主任児童委員制度の創設
2007（平成19）年	民生委員制度創設90周年
2017（平成29）年	民生委員制度創設100周年

民生委員の役割

・住民の生活状態を必要に応じ適切に把握する
・援助を必要とする人がその人の能力に応じて自立生活を営むことができるように生活に関する相談に応じ、助言を行う
・援助を必要とする人が適切に福祉サービスを利用するために必要な情報提供を行う
・社会福祉事業を経営する人や社会福祉に関する活動を行う人と密接に連携し、その事業や活動を支援する
・福祉事務所やその他の関係行政機関の業務に協力する
・必要に応じて、住民の福祉の増進を図るための活動を行う

共同募金

概要	都道府県の区域を単位として、毎年1回、厚生労働大臣の定める期間内に行う寄附金の募集のこと
性格	寄附者の自発的な協力を基礎とするものでなければならない
寄附金の配分	区域内において社会福祉事業、更生保護事業その他の社会福祉を目的とする事業を経営する者に配分する

共同募金会

共同募金会とは	共同募金事業を行うことを目的として設立される社会福祉法人のこと
事業の位置づけ	共同募金を行う事業は、第一種社会福祉事業とする
設立の認可	共同募金の区域内に都道府県社会福祉協議会が存在すること、特定人の意思によって事業の経営が左右されるおそれがないものであることなどの事項を審査した上で、所轄庁が認可をする
配分委員会	寄附金の公正な配分に資するために置かれる。共同募金会の役員は、委員の総数の3分の1を超えない範囲で配分委員会の委員になることができる

コミュニティワークの歴史

1939年	レイン報告書：コミュニティ・オーガニゼーションの基本的体系をまとめたもの
1948年	インターグループワーク説：ニューステッターが示したコミュニティ・オーガニゼーションの方法
1955年	統合化説：ロスは、13の原則を示し、コミュニティ・オーガニゼーションを体系化した
1968年	コミュニティ・オーガニゼーションの3つの類型：ロスマンは、**「小地域開発モデル」「社会計画モデル」「ソーシャル・アクションモデル」**の3つのモデルを示した

日本の相互扶助の仕組み

結（ユイ）	屋根葺きや田植えなどに際して労力を交換しあう慣習
舫（モヤイ）	再分配的行為であり、資源を公平に配分し、その成果を順次成員間で再分配するという慣習
手伝い（テツダイ）	労働力を一方的に無償で提供する慣習
組	地縁に基づいた生産や自治を目的とする相互扶助組織
五人組	五戸を一組として、共助の機能をもった農耕と貢納のための組織
講	信仰や社交を目的にした任意参加型の相互扶助組織
頼《たの》母《も》子《し》講《こう》	共済的・金融的機能をもち、経済的救済を目的とした組織
賑給（シンゴウ）	生活に困窮する者の救済を目的とした儒教的徳治主義を象徴とする天皇の慈恵、政策
七《しち》分《ぶ》積《つみ》金《きん》	江戸幕府の下で町人の負担する町の経費を節約した額の中から積立てをして、貧民や孤児を救済した制度
戸令（コリョウ）	生活に困窮する者がいた場合には、まずは親族間での相互扶助を重視した制度

ソーシャル・アクションの形態

住民組織型	市民運動として、地域住民の身近な生活問題に対する行動
当事者組織型	同じ福祉問題を共有する者同士で組織された行動
専門家組織型	保健・医療・福祉関係者によるネットワークづくり
統合組織型	地域福祉計画の作成による行政、保健・医療・福祉の連携

法定受託事務と自治事務

第一号法定受託事務	法律またはこれに基づく政令により**都道府県、市町村または特別区が処理することとされる事務**のうち、**国が本来果たすべき役割**に係るものであって、国においてその適正な処理を特に確保する必要があるものとして法律またはこれに基づく政令に特に定めるもの 【主な事務】 国政選挙、旅券交付、生活保護、国道管理、戸籍事務
第二号法定受託事務	法律またはこれに基づく政令により**市町村または特別区が処理することとされる事務**のうち、**都道府県が本来果たすべき役割**に係るものであって、都道府県においてその適正な処理を特に確保する必要があるものとして法律またはこれに基づく政令に特に定めるもの 【主な事務】 都道府県議会選挙・知事選挙
自治事務	**地方公共団体**の事務のうち、**法定受託事務以外**のもの 【主な事務】 介護保険サービス、国民健康保険の給付、児童福祉・老人福祉・障害福祉サービス、各種助成金等（乳幼児医療費補助等）の交付、公共施設（文化ホール、生涯学習センター、スポーツセンター等）の管理

サービスの費用負担

応能負担	各自の能力に応じて負担すること。所得に応じて医療・介護・福祉サービスの対価や保険料を支払うことや、租税を負担すること
応益負担	自分が受けた利益に応じたものを負担すること。所得に関係なく医療・介護・福祉サービスなどの受けたサービスの内容に応じて対価を支払うこと（定率負担）
法定代理受領サービス	指定居宅サービス事業者などが、利用者である被保険者に代わって保険給付を受ける方法（代理受領）によって提供されるサービス

地域福祉計画の策定事項（努力義務）

市町村 地域福祉計画	・地域における高齢者の福祉、障害者の福祉、児童の福祉その他の福祉に関し、共通して取り組むべき事項 ・地域における福祉サービスの適切な利用の推進に関する事項 ・地域における社会福祉を目的とする事業の健全な発達に関する事項 ・地域福祉に関する活動への住民の参加の促進に関する事項　など
都道府県地域福祉支援計画	・地域における高齢者の福祉、障害者の福祉、児童の福祉その他の福祉に関し、共通して取り組むべき事項 ・市町村の地域福祉の推進を支援するための基本的方針に関する事項 ・社会福祉を目的とする事業に従事する者の確保または資質の向上に関する事項 ・福祉サービスの適切な利用の推進及び社会福祉を目的とする事業の健全な発達のための基盤整備に関する事項　など

介護保険事業計画の策定上の留意事項

市町村介護保険事業計画	・**市町村老人福祉計画**と一体のものとして作成されなければならない ・**市町村計画**との整合性の確保が図られたものでなければならない ・**市町村地域福祉計画**や、**市町村高齢者居住安定確保計画**などと調和が保たれたものでなければならない
都道府県介護保険事業支援計画	・**都道府県老人福祉計画**と一体のものとして作成されなければならない ・**都道府県計画**や、**医療計画**との整合性の確保が図られたものでなければならない ・**都道府県地域福祉支援計画**、**都道府県高齢者居住安定確保計画**などと調和が保たれたものでなければならない

介護保険事業計画で策定すべき事項

市町村介護保険事業計画	・各区域における各年度の認知症対応型共同生活介護、地域密着型特定施設入居者生活介護、地域密着型介護老人福祉施設入所者生活介護に係る必要利用定員総数その他の介護給付等対象サービスの種類ごとの量の見込み ・各年度における地域支援事業の量の見込み ・被保険者の地域における自立した日常生活の支援（自立支援）、要介護状態等となることの予防（介護予防）または要介護状態等の軽減もしくは悪化の防止（重度化防止）、介護給付等に要する費用の適正化に関し、市町村が取り組むべき施策および目標に関する事項
都道府県介護保険事業支援計画	・各区域における各年度の介護専用型特定施設入居者生活介護、地域密着型特定施設入居者生活介護、地域密着型介護老人福祉施設入所者生活介護に係る必要利用定員総数 ・各区域における各年度の介護保険施設の種類ごとの必要入所定員総数その他の介護給付等対象サービスの量の見込み ・都道府県内の市町村によるその被保険者の地域における自立した日常生活の支援、要介護状態等となることの予防（介護予防）または要介護状態等の軽減もしくは悪化の防止（重度化防止）、介護給付等に要する費用の適正化に関する取組への支援に関し、都道府県が取り組むべき施策および目標に関する事項

老人福祉計画で定める事項

市町村 老人福祉計画	・市町村の区域において確保すべき老人福祉事業の量の目標 ・老人福祉事業の量の確保のための方策 ・日常生活を営むのに支障がある老人の人数、その障害の状況、その養護の実態等を勘案して作成する（努力義務）
都道府県 老人福祉計画	・都道府県が定める区域ごとの養護老人ホーム、特別養護老人ホームの必要入所定員総数、その他老人福祉事業の量の目標 ・老人福祉施設の整備、老人福祉施設相互間の連携のために講ずる措置に関する事項 ・老人福祉事業に従事する者の確保または資質の向上のために講ずる措置に関する事項

障害者計画の構成・内容

市町村 障害者計画	・市町村における障害者の状況等を踏まえた施策に関する事項 ・国が策定する基本計画、都道府県計画を基本として策定
都道府県 障害者計画	・都道府県における障害者の状況等を踏まえた施策に関する事項 ・国が策定する基本計画を基本として策定

障害福祉計画の策定上の留意事項

市町村 障害福祉計画	・市町村の区域における障害者等の数、その障害の状況その他の事情を勘案して作成されなければならない ・**市町村障害者計画、市町村地域福祉計画**などと調和が保たれたものでなければならない
都道府県 障害福祉計画	・**都道府県障害者計画、都道府県地域福祉支援計画**などと調和が保たれたものでなければならない ・**医療計画**と相まって、精神科病院に入院している精神障害者の退院の促進に資するものでなければならない

障害児福祉計画の策定上の留意事項

市町村 障害児福祉計画	・**市町村障害福祉計画**と一体のものとして作成することができる ・**市町村障害者計画**や**市町村地域福祉計画**などと調和が保たれたものでなければならない
都道府県 障害児福祉計画	・**都道府県障害福祉計画**と一体のものとして作成することができる ・**都道府県障害者計画**や**都道府県地域福祉支援計画**などと調和が保たれたものでなければならない

子ども・子育て支援事業計画の策定上の留意事項

市町村子ども・子育て支援事業計画	・**市町村地域福祉計画**、市町村が定める**教育振興基本計画**などと調和が保たれたものでなければならない ・当該計画を定めた場合や変更した場合には、遅滞なく、これを都道府県知事に提出しなければならない
都道府県子ども・子育て支援事業支援計画	・**都道府県地域福祉支援計画**、都道府県が定める**教育振興基本計画**などと調和が保たれたものでなければならない ・当該計画を定めた場合や変更した場合には、遅滞なく、これを内閣総理大臣に提出しなければならない

一問一答 ＋穴埋めドリル！

1 地域福祉の概念と理論

Q 001
□□
マッキーヴァーは、教会、学校、会社のような意図的につくられた機能的・結社的集団を〔　　　　　　　　〕として捉えた。

Q 002
□□
〔　　　〕報告では、コミュニティ・オーガニゼーション概念の体系化が示された。

Q 003
□□
ウェルマンのコミュニティ〔　　〕論では、交通通信手段の発達によって、コミュニティは地域という空間に限定されない形で新しく展開しているとしている。

Q 004
□□
地域社会で発生する生活課題の解決を図るために、地域住民の主体的で協働的な問題解決プロセスを重視したのは、〔　　　　〕である。

Q 005
□□
右田紀久恵は、地方自治体における福祉政策の充実や住民自治を基底に据えた〔　　〕型地域福祉を重視した。

Q 006
□□
岡本栄一は、コミュニティ重視志向軸や政策制度志向軸といった「地域福祉の〔　〕つの志向軸」を掲げた。

Q 007
□□
牧里毎治は、地域福祉を構造的アプローチと〔　　〕的アプローチに区分した。

Q 008
□□
真田是は、生活問題とその解決のための政策、そして地域社会の産業構造の変革も視野に入れた生活の共同的維持・再生産の地域的システムを重視した〔　　〕論を提唱した。

A 001 アソシエーション

マッキーヴァーは、人々の関心のあり方に応じて、コミュニティを人々の共同関心に基づく集団、アソシエーションを特定の関心や目的を追求するために結成される集団とした。

A 002 レイン

レインは、1939年にコミュニティ・オーガニゼーション概念の体系化に関するレイン報告を全米社会事業会議に提出した。

A 003 解放

ウェルマンのコミュニティ解放論では、交通通信手段の発達など、都市化によって、コミュニティが地域という空間的枠組みを越えたネットワークを形成していくとした。

A 004 岡村重夫

岡村重夫は、地域福祉の本質は、社会関係の全体性を保持しつつ適切な支援を行うコミュニティ・ケアであり、コミュニティ・ケアの前提には住民主体の地域社会形成が不可欠であるとした。

A 005 自治

右田紀久恵は、自治型地域福祉を重視し、自治型地域福祉論を提唱した。また、地域福祉論の構成要素として、基本的要件、サービス構成要件、運営要件の３点を挙げた。

A 006 4

岡本栄一が掲げた「地域福祉の４つの志向軸」とは、コミュニティ重視志向軸、政策制度志向軸、在宅福祉志向軸、住民の主体形成と参加志向軸である。

A 007 機能

地域福祉を構造的アプローチと機能的アプローチに区分した「地域福祉の２つのアプローチ論」を提唱したのは、牧里毎治である。

A 008 運動

真田是は、生活の社会的・共同的な再生産の部分の遅れやゆがみを、住民の参加によって正すことが地域福祉に固有の内容であるとした（運動的要素を重視）。

Q 009
□□
全ての人々を排除せず、健康で文化的な生活が実現できるよう、社会の構成員として包み支え合う社会を目指すことを、ソーシャル・〔　　　　　　　　　　〕という。

2 セツルメント

Q 010
□□
貧困問題の解決のために大学生や教員、社会事業家などがスラム地域に住み込み、そこに住む住民との交流を通じて、生活の向上を図ろうとする取組やその拠点となる場所を、〔　　　　　　〕という。

Q 011
□□
トインビー・ホールは、〔　　　　　　〕によって1884年に設立された、世界初のセツルメントである。

Q 012
□□
1886年、コイトらがニューヨークに設立したセツルメントは、〔　　　　　　　　　　　　〕である。

Q 013
□□
アダムスは、1889年にシカゴに〔　　　　　　　〕を開設した。

Q 014
□□
日本におけるセツルメント運動は、アダムスが〔　　　　〕を設立したことに始まるとされている。

Q 015
□□
キングスレー館を開設したのは、〔　　　　〕である。

Q 016
□□
日本におけるソーシャルワークの形成過程において、大正期には、〔　　〕のセツルメントが誕生し活動を展開した。

Q 017
□□
日本で最初の公営のセツルメントは、〔　　〕市立市民館である。

A 009
インクルージョン

ソーシャル・インクルージョン（社会的包摂）とは、社会から差別・排除されている人々を社会へ包摂・包含していこうとする理念を指す。

A 010
セツルメント

セツルメントの影響を受けて日本で設置されたのが隣保館（セツルメントハウス）であり、日清・日露戦争等を契機として都市部に発生したスラムなどで生活する住民に対する援助の拠点として始まった。

A 011
バーネット

トインビー・ホールは、ロンドンのイーストエンドにバーネットが設立したものであり、セツルメントを大学人と労働者が協同して社会改良にあたる手段として位置づけた。

A 012
ネイバーフッド・ギルド

コイトらがニューヨークに設立したネイバーフッド・ギルドは、アメリカ初のセツルメント運動の拠点である。

A 013
ハル・ハウス

ハル・ハウスでは、「生活困窮者のためではなく、共に生きる」という理念のもと、セツルメント活動を展開した。

A 014
岡山博愛会

日本におけるセツルメント運動は、1891（明治24）年にアメリカの宣教師であるアダムスが岡山県に設立した岡山博愛会が最初である。

A 015
片山潜

キリスト教社会主義者の片山潜は、1897（明治30）年に東京の神田三崎町にキングスレー館を開設した。

A 016
公営

日本の民間セツルメントは明治期に創設され、公営セツルメントは大正期に設置された。

A 017
大阪

日本で最初の公営のセツルメントは、1921（大正10）年に開設された大阪市立市民館である。

3 日本の相互扶助

Q 018 □□ まとまった金銭が必要なときに、組織を形成し、互いに金銭を出し合って助け合う機能を果たすもので、共済的・金融的機能を有し、経済的救済を目的とした組織のことを、〔　　　〕という。

Q 019 □□ 5戸を一組として、共助の機能をもった農耕と貢納のための組織のことを、〔　　　〕という。

Q 020 □□ 江戸幕府の下で町人の負担する町の経費を節約した額の中から積立てをして、貧民や孤児を救済した制度のことを、〔　　　〕制度という。

Q 021 □□ 屋根葺きや田植えなどに際して労力を交換しあう慣習を、〔　　　〕という。

Q 022 □□ 複数の人々が労力を出し合って1つの独立した作業や事業を行い、利益を共有する慣習を、〔　　　〕という。

4 社会福祉協議会

Q 023 □□ 1908（明治41）年に、現在の全国社会福祉協議会の前身となる〔　　　〕が設立された。

Q 024 □□ 1951（昭和26）年に制定された社会福祉事業法で、〔　　　〕社会福祉協議会が法制化された。

Q 025 □□ 1962（昭和37）年に、全国社会福祉協議会は「社会福祉協議会基本要項」の中で、社会福祉協議会の基本的機能は〔　　　〕の方法を地域社会に適用することであるとした。

A 018
頼母子講

頼母子講は、共済的・金融的機能をもち、経済的救済を目的とした組織のことをいう。

A 019
五保の制

５戸を一組として、共助の機能をもった農耕と貢納のための組織は、五保の制である。

A 020
七分積金

江戸幕府の下で町人の負担する町の経費を節約した額の中から７割を積立て、貧民や孤児を救済した制度を、七分積金制度という。

A 021
ユイ

屋根葺きや田植えなどに際して労力を交換しあう慣習は、ユイ（結）である。

A 022
モヤイ

モヤイは、再分配的行為であり、資源を公平に配分し、その成果を順次成員間で再分配する慣習のことをいう。

A 023
中央慈善協会

中央慈善協会が設立されたのは1908（明治41）年であり、その後、1951（昭和26）年に全国社会福祉協議会が設立された。

A 024
都道府県

1951（昭和26）年に制定された社会福祉事業法で都道府県社会福祉協議会が、1983（昭和58）年の法改正で市町村社会福祉協議会が法制化された。

A 025
コミュニティ・オーガニゼーション

「社会福祉協議会基本要項」において、社会福祉協議会の基本的機能は、地域における組織的な活動を行うためにコミュニティ・オーガニゼーションの方法を地域社会に適用することであるとした。

Q 026 □□ 1999（平成11）年、国庫補助で配置されていた〔　　　　〕の経費が一般財源化された。

Q 027 □□ 都道府県社会福祉協議会は、その区域内においてあまねく〔　　　　　　　　　　〕事業が実施されるために必要な事業を行う。

Q 028 □□ 市町村社会福祉協議会は、区域内における社会福祉事業または〔　　　　　〕事業を経営する者の過半数が参加するものとされている。

Q 029 □□ 〔　　　　〕社会福祉協議会は、社会福祉事業よりも広い範囲の事業である社会福祉を目的とする事業に関する企画及び実施を行う。

Q 030 □□ 関係行政庁の職員は、市町村社会福祉協議会及び地区社会福祉協議会の〔　　　〕となることができる。

5 民生委員・児童委員

Q 031 □□ 民生委員の前身である方面委員は、〔　　　〕法の実施促進運動において中心的な役割を果たした。

Q 032 □□ 民生委員は、〔　　　　　　　　〕の推薦によって厚生労働大臣から委嘱される。

Q 033 □□ 民生委員・児童委員の任期は、〔　〕年である。

Q 034 □□ 児童委員は、民生委員法に基づく推薦委員会により選任され、それに基づき〔　　　　　　　　〕が委嘱する。

A 026 福祉活動専門員

福祉活動専門員は、1966（昭和41）年、国庫補助事業として市町村社会福祉協議会に配置され、1999（平成11）年にその経費が一般財源化された。

A 027 福祉サービス利用援助

都道府県社会福祉協議会は、福祉サービス利用援助事業が実施されるために必要な事業を行うとともに、これと併せて、当該事業に従事する者の資質の向上のための事業並びに福祉サービス利用援助事業に関する普及及び啓発を行う。

A 028 更生保護

市町村社会福祉協議会において、過半数が参加するのは、社会福祉事業または更生保護事業を経営する者である。

A 029 市町村

市町村社会福祉協議会では、社会福祉事業よりも広い範囲の事業である社会福祉を目的とする事業に関する企画及び実施のほか、社会福祉に関する活動への住民の参加のための援助などを行っている。

A 030 役員

関係行政庁の職員は、市町村社会福祉協議会及び地区社会福祉協議会の役員となることができるが、役員総数の5分の1を超えることはできない。

A 031 救護

救護法は1929（昭和４）年に制定されたが、財源不足で実施できなかった。その後、1932（昭和７）年に施行された際には、方面委員が救護法の実施促進運動において中心的な役割を果たした。

A 032 都道府県知事

民生委員は、都道府県知事の推薦により、厚生労働大臣が委嘱する。

A 033 3

民生委員・児童委員の任期は３年であるが、補欠で着任した場合の任期は前任者の残任期間となる。

A 034 厚生労働大臣

民生委員法に基づく民生委員推薦会により選任され、厚生労働大臣の委嘱を受けた民生委員が、児童委員として充てられる。

Q 035 □□ 民生委員は、〔　　　〕の区域に配置される。

Q 036 □□ 民生委員は、その職務を遂行するにあたり、個人の人格を尊重し、その身上に関する秘密を守るほか、差別的または〔　　　〕的な取扱いをしてはならない。

Q 037 □□ 民生委員は、その職務に関して、〔　　　　　　　〕の指揮監督を受ける。

Q 038 □□ 民生委員協議会は、民生委員の職務に関して必要と認める意見を〔　　　　〕に具申することができる。

6 共同募金

Q 039 □□ 共同募金は、〔　　　　〕の区域を単位として募集される。

Q 040 □□ 共同募金を行う事業は、第〔　〕種社会福祉事業である。

Q 041 □□ 〔　　　　　〕以外の者は、共同募金事業を行うことが禁止されている。

Q 042 □□ 共同募金によって集められた資金の配分先は、〔　　　　〕を目的とする事業を経営する者に限られている。

Q 043 □□ 共同募金会は、〔　　〕に備えるため、準備金を積み立てることができる。

A 035
市町村

民生委員は、市町村の区域に配置されるものであり、民生委員の定数は、厚生労働大臣の定める基準を参酌して、市町村の区域ごとに、都道府県の条例で定める。

A 036
優先

民生委員は、職務遂行上、個人の人格を尊重し、その身上に関する秘密を守り、人種、信条、性別、社会的身分、門地によって、差別的または優先的な取扱いをすることなく、かつ、その処理は、実情に即して合理的にこれを行わなければならない。

A 037
都道府県知事

民生委員は、その職務に関して、都道府県知事の指揮監督を受ける。都道府県知事は、民生委員の指導訓練を実施しなければならない。

A 038
関係各庁

民生委員協議会は、民生委員の職務に関して必要と認める意見を関係各庁に具申することができる。この協議会は、都道府県知事が市町村長の意見をきいて定める区域ごとに、民生委員が組織する。

A 039
都道府県

共同募金は都道府県の区域を単位として、毎年1回、厚生労働大臣の定める期間内に限ってあまねく行う寄附金の募集である。

A 040
一

共同募金を行う事業は、地域福祉の推進を図るための寄付金の募集、配分を目的とする第一種社会福祉事業である。

A 041
共同募金会

社会福祉法において、共同募金会以外の者は、共同募金事業を行ってはならないとしている。

A 042
社会福祉

共同募金によって集められた資金は、社会福祉を目的とする事業を経営する者に配分される。

A 043
災害

共同募金会は、災害に備えるため準備金を積み立て、他の共同募金会に拠出することができる。

Q 044
□□
共同募金会は、共同募金を行うには、都道府県社会福祉協議会の意見を聴き、〔　　　　　〕の承認を得て、共同募金の目標額を公告しなければならない。

---

7 地方財政

Q 045
□□
「令和６年版地方財政白書」が示す令和４年度の国・地方を通じた目的別歳出額構成比をみると、〔　　　　　　〕費が30％以上を占めている。

Q 046
□□
「令和６年版地方財政白書」が示す令和４年度の地方公共団体の目的別歳出決算割合をみると、〔　　　〕費が最も多い。

Q 047
□□
「令和６年版地方財政白書」が示す令和４年度の都道府県及び市町村の歳入純計決算額では、〔　　　〕が最も大きい。

Q 048
□□
「令和６年版地方財政白書」が示す令和４年度の民生費の目的別歳出の内訳をみると、市町村では〔　　　　〕費が最も多い。

Q 049
□□
「令和６年版地方財政白書」が示す令和４年度の民生費の目的別歳出の内訳をみると、都道府県では〔　　　　〕費が最も多い。

Q 050
□□
「令和６年版地方財政白書」が示す令和４年度決算額における民生費の性質別歳出の内訳（「その他の経費」を除く）をみると、都道府県では「〔　　　　〕」が最も多い。

Q 051
□□
「令和６年版地方財政白書」が示す令和４年度の市町村の性質別歳出をみると、〔　　〕費が最も高い割合を占めている。

A 044
配分委員会

共同募金会は、共同募金を行うにあたり、あらかじめ都道府県社会福祉協議会の意見を聴き、及び配分委員会の承認を得て、定めた共同募金の目標額などを公告しなければならない。

A 045
社会保障関係

「令和６年版地方財政白書」が示す令和４年度の国・地方を通じた目的別歳出額構成比をみると、社会保障関係費が35.5％を占めている。

A 046
民生

「令和６年版地方財政白書」が示す令和４年度の地方公共団体の目的別歳出決算割合をみると、民生費が25.8％を占めて最も多い。

A 047
地方税

「令和６年版地方財政白書」が示す令和４年度の都道府県及び市町村の歳入純計決算額では、地方税が最も大きい。

A 048
児童福祉

「令和６年版地方財政白書」が示す令和４年度の民生費の目的別歳出の内訳をみると、市町村では児童福祉費が38.3％を占めて最も多い。

A 049
老人福祉

「令和６年版地方財政白書」が示す令和４年度の民生費の目的別歳出の内訳をみると、都道府県では老人福祉費が41.4％を占めて最も多い。

A 050
補助費等

「令和６年版地方財政白書」が示す令和４年度決算額における民生費の性質別歳出の内訳をみると、都道府県では、「補助費等」が73.6％を占めて最も多い。

A 051
扶助

「令和６年版地方財政白書」が示す令和４年度の市町村の性質別歳出をみると、扶助費が61.5％を占めて最も高い割合となっている。

8 地域福祉計画

Q 052 □□
都道府県は、地域福祉支援計画を策定する場合、あらかじめ、〔　　　　　　　〕の意見を反映させるために必要な措置を講ずるよう努める。

Q 053 □□
市町村は、策定した市町村地域福祉計画の調査等の結果、必要があると認める場合には、市町村地域福祉計画を〔　　〕するものとする。

Q 054 □□
市町村地域福祉計画では、地域における高齢者の福祉、障害者の福祉、児童の福祉、その他の福祉に関し、〔　　〕して取り組むべき事項を策定するよう努める。

Q 055 □□
市町村地域福祉計画では、地域福祉に関する活動への〔　　〕の参加の促進に関する事項を定めるよう努める。

Q 056 □□
福祉サービスの適切な利用の推進及び社会福祉を目的とする事業の健全な発達のための基盤整備に関する事項は、〔　　　〕地域福祉支援計画で定めえる。

Q 057 □□
都道府県地域福祉支援計画では、社会福祉を目的とする事業に従事する者の〔　　〕または資質の向上に関する事項を定めるよう努める。

Q 058 □□
社会福祉法では、都道府県地域福祉支援計画は、市町村地域福祉計画の達成に資するため、各市町村を通ずる広域的見地から、社会福祉を目的とする事業の健全な発展のための基盤整備に関する事項等を〔　　　〕に定める計画とされている。

A 052
住民その他の者

都道府県は、地域福祉支援計画を策定する場合や変更する場合、あらかじめ、公聴会の開催等、住民その他の者の意見を反映させるために必要な措置を講ずるよう努める。

A 053
変更

市町村は、定期的に策定した市町村地域福祉計画について、調査、分析、評価を行うよう努めるとともに、必要があると認める場合には、市町村地域福祉計画を変更する。

A 054
共通

市町村地域福祉計画では、地域における高齢者の福祉、障害者の福祉、児童の福祉、その他の福祉に関し、共通して取り組むべき事項を策定するよう努める。

A 055
住民

市町村地域福祉計画に定めるよう努める事項には、地域福祉に関する活動への住民の参加の促進に関する事項や、地域における社会福祉を目的とする事業の健全な発達に関する事項などがある。

A 056
都道府県

市町村地域福祉計画では、地域における福祉サービスの適切な利用の促進に関する事項を定める。

A 057
確保

都道府県地域福祉支援計画では、社会福祉を目的とする事業に従事する者の確保または資質の向上に関する事項を定めるよう努める。

A 058
一体的

都道府県地域福祉支援計画の計画事項には、市町村の地域福祉の推進支援、サービスに従事する人材の確保や質の向上なども含まれる。

---

9 介護保険事業計画

Q 059 □□
市町村介護保険事業計画は、〔　〕年を一期として定めるものとされている。

Q 060 □□
市町村は、市町村介護保険事業計画の実績の評価を行い、その結果を〔　　〕するよう努める。

Q 061 □□
市町村は、市町村介護保険事業計画と市町村〔　　　　〕計画を一体のものとして作成しなければならない。

Q 062 □□
市町村介護保険事業計画では、地域支援事業の量の〔　　〕を定める。

Q 063 □□
都道府県介護保険事業支援計画は、医療計画との〔　　　〕の確保が図られたものでなければならない。

Q 064 □□
都道府県介護保険事業支援計画は、都道府県地域福祉支援計画や都道府県〔　　　　　　　　〕計画などと調和が保たれたものでなければならない。

Q 065 □□
市町村介護保険事業計画を変更したときは、遅滞なく、〔　　　　　〕に提出しなければならない。

Q 066 □□
各年度の介護保険施設の種類ごとの必要〔　　　　　〕は、都道府県介護保険事業支援計画で定める事項である。

A 059
3

介護保険事業計画には、市町村介護保険事業計画と都道府県介護保険事業支援計画があり、それぞれ3年を一期として定めるものとされている。

A 060
公表

市町村は、市町村介護保険事業計画に位置づけた目標の達成状況に関する調査、分析、実績の評価を行う。その評価結果は公表するよう努めるとともに、都道府県知事に報告する。

A 061
老人福祉

市町村は、市町村介護保険事業計画と市町村老人福祉計画を一体のものとして作成しなければならない。

A 062
見込み

市町村介護保険事業計画では、日常生活圏域ごとに、要介護者等の人数、介護給付等対象サービスの利用意向、その他の事情を勘案した各年度における地域支援事業の量の見込みを定める。

A 063
整合性

都道府県介護保険事業支援計画は、都道府県計画（医療介護総合確保法に規定）及び医療計画との整合性の確保が図られたものでなければならない。

A 064
高齢者居住安定確保

都道府県介護保険事業支援計画は、都道府県地域福祉支援計画や都道府県高齢者居住安定確保計画などと調和が保たれたものでなければならない。一方、市町村介護保険事業計画は、市町村地域福祉計画や市町村高齢者居住安定確保計画などと調和が保たれたものでなければならない。

A 065
都道府県知事

市町村介護保険事業計画を策定した場合や変更した場合には、遅滞なく、都道府県知事に提出しなければならない。一方、都道府県介護保険事業支援計画を定めた場合や変更した場合は、遅滞なく、厚生労働大臣に提出しなければならない。

A 066
入所定員総数

都道府県介護保険事業支援計画では、区域における各年度の介護専用型特定施設入居者生活介護などの必要利用定員総数や、介護保険施設の種類ごとの必要入所定員総数を定めるものとしている。

Q 067
□□
介護支援専門員その他の介護給付等対象サービス及び地域支援事業に従事する者の業務の〔　　　〕及び質の〔　　〕に資する事業に関する事項は、都道府県介護保険事業支援計画において定めるべき事項に含まれている。

10 障害福祉計画

Q 068
□□
市町村障害者計画と市町村障害福祉計画は、〔　　〕が保たれたものとして策定されなければならない。

Q 069
□□
市町村は、市町村障害福祉計画を定めたときは、〔　　　〕に提出しなければならない。

Q 070
□□
指定障害者支援施設の必要入所定員総数については、〔　　　〕障害福祉計画で定める。

Q 071
□□
都道府県障害福祉計画は、精神科病院に入院している精神障害者の〔　　〕の促進に資するものでなければならない。

Q 072
□□
障害者総合支援法の市町村障害福祉計画は、市町村が調査、分析、〔　　〕を行うものとされている。

Q 073
□□
市町村は、障害福祉サービス、相談支援及び地域生活支援事業の〔　　　　〕の確保に係る目標に関する事項を定めるものとされている。

11 子ども・子育て支援事業計画

Q 074
□□
市町村子ども・子育て支援事業計画は、〔　　　　　〕の定める基本指針に即して策定される。

A 067 効率化向上

介護支援専門員その他の介護給付等対象サービス及び地域支援事業に従事する者の業務の効率化及び質の向上に資する事業に関する事項は、都道府県介護保険事業支援計画において定めるべき事項に位置付けられた。

A 068 調和

市町村障害福祉計画は、市町村障害者計画や市町村地域福祉計画その他の法律の規定による計画であって、障害者等の福祉に関する事項を定めるものと調和が保たれたものでなければならない。

A 069 都道府県知事

市町村は、市町村障害福祉計画を定めた場合や、変更した場合は、遅滞なく都道府県知事に提出しなければならない。

A 070 都道府県

都道府県障害福祉計画では、各年度の指定障害者支援施設の必要入所定員総数を定める。

A 071 退院

都道府県障害福祉計画は、医療法の医療計画と相まって、精神科病院に入院している精神障害者の退院の促進に資するものでなければならない。

A 072 評価

市町村は、市町村障害福祉計画の策定にあたっての調査、分析、評価を行う。

A 073 提供体制

市町村は、市町村障害福祉計画に、各年度における指定障害福祉サービス、指定地域相談支援または指定計画相談支援の種類ごとの必要な量の見込みを定めるものとされている。

A 074 内閣総理大臣

市町村は、内閣総理大臣の定める基本指針に即して、5年を一期とする市町村子ども・子育て支援事業計画を定める。

Q 075 □□ 市町村子ども・子育て支援事業計画は、市町村地域福祉計画と〔　　〕が保たれたものでなければならない。

Q 076 □□ 都道府県子ども・子育て支援事業支援計画は、都道府県が定める〔　　　　〕基本計画と調和が保たれたものでなければならない。

Q 077 □□ 市町村子ども・子育て支援事業計画は、教育・保育提供区域における〔　　　〕の数などを勘案して作成しなければならない。

Q 078 □□ 都道府県子ども・子育て支援事業支援計画では、地域子ども・子育て支援事業の〔　　　〕の確保などの措置を定めるものとされている。

Q 079 □□ 都道府県子ども・子育て支援事業支援計画を定めた場合は、遅滞なく、当該計画を〔　　　　　　〕に提出しなければならない。

12 医療計画

Q 080 □□ 医療計画の策定主体は、〔　　　　〕である。

Q 081 □□ 医療計画における医療の〔　　〕に必要な事業に、災害時における医療が含まれている。

Q 082 □□ 医療計画においては、〔　　〕等における医療の確保について記載することが規定されている。

A 075
調和

市町村子ども・子育て支援事業計画は、市町村地域福祉計画や市町村が定める教育振興基本計画などと調和が保たれたものでなければならない。

A 076
教育振興

都道府県子ども・子育て支援事業支援計画は、都道府県地域福祉支援計画や都道府県が定める教育振興基本計画などと調和が保たれたものでなければならない。

A 077
子ども

市町村子ども・子育て支援事業計画は、教育・保育提供区域における子どもの数、子どもの保護者の特定教育・保育施設等及び地域子ども・子育て支援事業の利用に関する意向などの事情を勘案して作成しなければならない。

A 078
従事者

地域子ども・子育て支援事業の従事者の確保などの措置は、都道府県子ども・子育て支援事業支援計画で定めるものとされている。

A 079
内閣総理大臣

都道府県は、都道府県子ども・子育て支援事業支援計画を定めた場合や変更した場合、遅滞なく、当該計画を内閣総理大臣に提出しなければならない。

A 080
都道府県

都道府県は、基本方針に即し、さらに地域の実情に応じて、その都道府県における医療提供体制の確保を図るための計画（医療計画）を定めるものとしている。

A 081
確保

医療の確保に必要な事業には、救急医療、災害時における医療、へき地の医療、周産期医療、小児医療（小児救急医療を含む）などが含まれている。

A 082
居宅

医療計画では、居宅等における医療の確保に関する事項のほか、医療連携体制における医療機能に関する情報の提供の推進に関する事項、医療の安全の確保に関する事項などを定めるものとしている。

8

障害者福祉

ココ!確認  ポイント・チェック!

障害者の定義と関連法のポイント

障害者基本法
身体障害、知的障害、精神障害（発達障害を含む）その他の心身の機能の障害があるものであって、障害及び社会的障壁により継続的に日常生活又は社会生活に相当な制限を受ける状態にあるものをいう ・共生社会の実現　・障害者週間 ・障害福祉計画の策定義務（都道府県、市町村）
障害を理由とする差別の解消の推進に関する法律
身体障害、知的障害、精神障害（発達障害を含む。）その他の心身の機能の障害がある者であって、障害及び社会的障壁により継続的に日常生活又は社会生活に相当な制限を受ける状態にあるもの
障害者総合支援法
身体障害者福祉法に規定する**身体障害者**、知的障害者福祉法にいう**知的障害者**、精神保健及び精神障害者福祉に関する法律に規定する**精神障害者**のうち、18歳以上の者、並びに、治療方法が確立していない疾病その他の特殊の疾病であって政令で定めるものによる障害の程度が厚生労働大臣が定める程度である18歳以上の者
身体障害者福祉法
別表に掲げる身体上の障害がある18歳以上の者で、都道府県知事から身体障害者手帳の交付を受けた者
知的障害者福祉法
知的障害者の定義はない
精神保健及び精神障害者福祉に関する法律
統合失調症、精神作用物質による急性中毒又はその依存症、知的障害、精神病質その他の精神疾患を有する者
発達障害者支援法
発達障害を有するために日常生活又は社会生活に制限を受ける者

障害者総合支援法の介護給付と訓練等給付

介護給付	❶居宅介護（居宅での入浴・排泄・食事などの介護。要件を満たせば通院等介助も可） ❷重度訪問介護（常時介護が必要な重度の肢体不自由者・知的・精神障害者が対象。居宅における入浴・排泄・食事などの介護や、外出支援など。最重度の障害者は、医療機関への入院時も利用可） ❸同行援護（視覚障害で移動に困難のある者への外出支援） ❹行動援護（知的・精神障害者への行動支援、外出支援） ❺療養介護（医療と常時介護を必要とする者が対象。医療機関での機能訓練、療養上の管理、日常生活上の世話） ❻生活介護（常時介護を必要とする者が対象。主として昼間に行う介護、創作的活動、生産活動の機会の提供） ❼短期入所（居宅で介護を行う者の疾病やレスパイトなどにより短期間入所する者が対象。入浴・排泄・食事の介護など） ❽重度障害者等包括支援（常時介護を必要とし、介護の必要性が著しく高い者が対象。複数の障害福祉サービスを包括的に支援） ❾施設入所支援（施設入所者が対象。主として夜間に行う入浴・排泄・食事などの介護）
訓練等給付	❶自立訓練（自立した日常生活や社会生活を営むことができるよう、身体機能や生活能力の向上のために必要な訓練を行う。機能訓練、生活訓練） ❷就労移行支援（就労を希望し、通常の事業所での雇用が可能と見込まれる者が対象。生産活動などの機会を提供して、就労に必要な訓練を行う） ❸就労継続支援（通常の事業所への雇用が困難な者が対象。就労や生産活動などの機会を提供して、知識・能力の向上のための訓練を行う。A型＝雇用型、B型＝非雇用型） ❹就労定着支援（就労移行支援等の利用を経て就労した者が対象。就業に伴う生活面の課題に対応できるよう、事業所・家族との連絡調整などを行う） ❺自立生活援助（施設入所支援などを利用していた者が対象。定期的な巡回訪問や随時対応による、円滑な地域生活に向けた相談・助言などを行う） ❻共同生活援助（共同生活を営む住居において、主として夜間に行う相談や入浴・排泄・食事の介護）

（注）2022（令和４）年12月に成立した改正法の公布から３年以内の政令で定める日より、新しい訓練等給付として「就労選択支援」が追加される。

障害者総合支援法に基づく相談支援サービスの仕組み

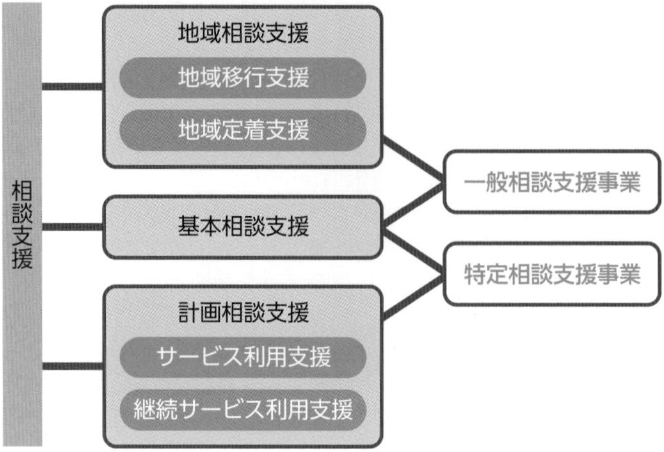

児童福祉法の障害児通所支援

児童発達支援	障害児を対象に、児童発達支援センター等に通わせ、日常生活における基本的な動作の指導、知識技能の付与、集団生活への適応訓練などを行う
放課後等 デイサービス	就学している障害児を対象に、授業終了後や休業日に児童発達支援センターなどに通わせ、生活能力の向上のために必要な訓練などを行う
保育所等訪問支援	保育所等に通う障害児を対象に、その施設を訪問し、集団生活への適応のための専門的な支援などを行う
居宅訪問型児童発達支援	重度の障害児のうち、児童発達支援などの利用が著しく困難なものに対し、居宅を訪問して、日常生活における基本的な動作の指導、知識技能の付与、生活能力の向上のために必要な訓練などを行う

障害者手帳の種類と特徴

身体障害者手帳	・身体障害者福祉法に基づき、都道府県知事が交付する ・2010（平成22）年４月から、肝臓機能障害も身体障害者手帳の対象になった ・等級は１級（最も重い）〜６級 ・等級が７級の場合には、身体障害者手帳を交付しない（ただし７級の障害が２つ以上重複する場合または７級の障害が６級以上の障害と重複する場合は交付対象となる）
療育手帳	・1973年の厚生省（現厚生労働省）の通知に基づき、都道府県知事が発行する ・交付対象者は、**18歳未満**は児童相談所で、**18歳以上**の場合は知的障害者更生相談所で検査・判定を行う ・療育手帳は、地方自治体によって、**名称**、**分類**等が**多少異なる**
精神障害者保健福祉手帳	・精神保健福祉法に基づき、精神保健福祉センターの精神障害者保健福祉手帳の障害等級の審査・判定に基づき、都道府県知事が発行する ・他の障害者手帳同様、写真の貼付が義務づけられている ・等級は１級（最も重い）〜３級 ・有効期限は２年間

協議会の機能

情報機能	・困難事例や地域の現状・課題等の情報共有と情報発信
調整機能	・地域の関係機関によるネットワーク構築 ・困難事例への対応の在り方に対する協議、調整
開発機能	・地域の社会資源の開発、改善
教育機能	・構成員の資質向上の場として活用
権利擁護機能	・権利擁護に関する取組を展開
評価機能	・委託相談支援事業者の運営評価 ・サービス利用計画作成費の支給対象者、重度障害者等包括支援事業等の評価　など

一問一答 ＋穴埋めドリル！

1 障害者福祉制度の発展過程

Q 001 □□
日本初の障害者福祉の法律は、1949（昭和24）年制定の〔　　　　　　　〕法である。

Q 002 □□
1950（昭和25）年の精神衛生法は、精神障害者の〔　　　　　　　〕を廃止した。

Q 003 □□
1971年に〔　　　　　　　〕の権利宣言が提唱され、障害者の人権について初めて国連で語られた。

Q 004 □□
1981年の国際障害者年では、「〔　　　　　　　〕と平等」をテーマとした。

Q 005 □□
1984（昭和59）年の宇都宮病院事件を契機に、1987（昭和62）年に〔　　　　　　　〕法が成立した。

Q 006 □□
支援費制度の実施により、身体障害者、知的障害者、〔　　　　　　　〕のサービスについて、利用契約制度が導入された。

Q 007 □□
2005（平成17）年に成立した〔　　　　　　　〕法において、障害の種別にかかわらず、サービスを利用するための仕組みを一元化し、事業体系が再編された。

Q 008 □□
「障害者の権利に関する条約」は、「私たち抜きで私たちのことを決めるな（〔　　　　　　　〕）」をスローガンに世界中の障害当事者が参加して作成された。

A 001
身体障害者福祉

第二次世界大戦後、戦争での負傷を原因として身体障害のある人が急増し、その対応として1949（昭和24）年に日本初の障害者福祉の法律である**身体障害者福祉法**が制定、翌年に施行された。

A 002
私宅監置

精神衛生法では、精神障害者に対する医療と保護を目的に**私宅監置**の廃止を定めた。

A 003
知的障害者

1975年には知的障害者だけではなく、全ての障害者の人権について述べた**障害者の権利宣言**が提唱された。

A 004
完全参加

1981年の国際障害者年は、**障害者の権利宣言**の趣旨に基づき決議されたもので、「**完全参加と平等**」をテーマとしている。

A 005
精神保健

1984（昭和59）年に発覚した**宇都宮病院事件**は、病院における非人道的な処遇が国際的にも注目され、1987（昭和62）年、**精神衛生法**を精神保健法に改正、精神障害者の人権擁護や、社会復帰の促進に関する制度が整備されることとなった。

A 006
障害児

支援費制度は、2003（平成15）年４月から2006（平成18）年４月の障害者自立支援法（現障害者総合支援法）の導入まで実施されていた利用契約制度であり、**身体障害者**、**知的障害者**、**障害児**のサービスを対象としていた。

A 007
障害者自立支援

障害者自立支援法では、**身体障害者**、**知的障害者**のほか、**支援費制度**で対象外とされた**精神障害者**も含めた３分野の障害者施策が一元化された。

A 008
Nothing about us without us

「障害者の権利に関する条約」は、世界各国の障害者団体が「Nothing about us without us（**私たち抜きに私たちのことを決めるな**）」をスローガンに、条約の起草段階から参加、発言し、その意見が反映されて**2006年**に国連で採択された。

Q 009 □□ 「障害者の権利に関する条約」の批准に向けた国内法の整備に向けて、2009（平成21）年に「障がい者制度改革推進会議」が〔　　　〕に設置された。

Q 010 □□ 障害者差別解消法では、障害者を〔　　　〕モデルに基づいて定義している。

2 障害者基本法

Q 011 □□ 1993（平成 5 ）年に、〔　　　　　　　　〕基本法が改正・改称され、障害者基本法が成立した。

Q 012 □□ 現行の障害者基本法には、〔　　　〕障壁の除去について規定されている。

Q 013 □□ 障害者基本法の前身である心身障害者対策基本法では、法の目的に障害者本人の〔　　　〕への努力について規定されていた。

Q 014 □□ 障害者政策委員会の委員は、〔　　　　　　〕が任命する。

Q 015 □□ 障害者基本法には、意思疎通のための手段としての言語に〔　　　〕が含まれることが明記されている。

A 009
内閣府

「障がい者制度改革推進会議」は、国内法の整備に加えて、障害者差別禁止法等の検討を行うために、内閣府に設置された。

A 010
社会

2013（平成25）年に成立した障害者差別解消法では、障害者を「障害及び社会的障壁により継続的に日常生活又は社会生活に相当な制限を受ける状態にあるもの」という社会モデルに基づいて定義している。

A 011
心身障害者対策

1993（平成５）年に10年にわたる施策の基本的方向と具体的方策を示した「障害者対策に関する新長期計画」が策定され、同年、それに合わせて心身障害者対策基本法が改正され、法律名も障害者基本法に改称されることとなった。

A 012
社会的

社会的障壁の除去は、実施に伴う負担が過重でない場合、障害者が差別されたり権利利益を侵害されたりすることのないように、合理的な配慮がなされなければならないと定められている。

A 013
自立

心身障害者対策基本法では、法の目的に障害者本人の自立への努力について規定されていたが、障害者基本法になり、2004（平成16）年の法改正時に削除された。

A 014
内閣総理大臣

障害者政策委員会の委員は、障害者、障害者の自立及び社会参加に関する事業に従事する者並びに学識経験のある者のうちから、内閣総理大臣が任命する。

A 015
手話

障害者基本法３条第３号に、「すべて障害者は、可能な限り、言語（手話を含む）その他意思疎通のための手段についての選択の機会が確保されるとともに、情報の取得または利用のための手段についての選択の機会の拡大が図られること」と規定されている。

Q 016 □□

都道府県、市町村は政府が策定した〔　　　　　〕計画をもとに、各自治体の障害者の状況を踏まえ、それぞれ都道府県障害者計画、市町村障害者計画を作成することが義務づけられている。

Q 017 □□

2004年（平成16年）の障害者基本法の改正により、障害者に対する〔　　〕の禁止が基本理念として明文化された。

Q 018 □□

2004（平成16）年の障害者基本法改正では、障害者の日が〔　　　　　〕に改められた。

Q 019 □□

2011（平成23）年の障害者基本法改正では、障害者の定義に〔　　　　〕や「その他の心身の機能の障害」が追加された。

3 障害者総合支援法

Q 020 □□

障害者総合支援法では、すべての国民は、障害者等が自立した生活が営めるような〔　　　　〕の実現に協力するよう努めなければならないと規定している。

Q 021 □□

「障害者総合支援法」における「障害者」は、〔　　〕歳以上の者とされている。

Q 022 □□

〔　　　　　　〕は、自立支援給付の円滑な実施を確保するための基本的な指針を定める。

Q 023 □□

〔　　　　　　〕の認定のための調査は、指定一般相談支援事業者等に委託することができる。

Q 024 □□

障害者総合支援法のサービスを利用するための障害支援区分を判定する組織を、〔　　　　　　〕という。

A 016 障害者基本

障害者基本計画とは、障害者の自立及び社会参加の支援等のための施策の総合的かつ計画的な推進を図ることを目的とした、障害者のための施策に関する基本的な計画のことで、政府が策定する。

A 017 差別

障害者基本法には「何人も、障害者に対して、障害を理由として、差別することその他の権利利益を侵害する行為をしてはならない」という障害者差別の禁止についての基本的理念が規定されている。

A 018 障害者週間

2004（平成16）年の障害者基本法改正では、障害者の日が障害者週間に改められたほか、障害者差別の禁止についての基本的理念が設けられた。

A 019 発達障害

2011（平成23）年の障害者基本法改正では、共生社会を実現するにあたって旨とすべき事項の追加、合理的な配慮の考え方の導入などが行われた。

A 020 地域社会

障害者総合支援法では、国民の責務として「すべての国民は、その障害の有無にかかわらず、障害者等が自立した日常生活又は社会生活を営めるような地域社会の実現に協力するよう努めなければならない」と規定している

A 021 18

「障害者総合支援法」における「障害者」とは、18歳以上の者である。

A 022 厚生労働大臣

自立支援給付の円滑な実施を確保するための基本的な指針を定めるのは、厚生労働大臣である。

A 023 障害支援区分

障害支援区分の認定のための調査は、市町村が行うことになっているが、指定一般相談支援事業者等に委託することもできる。

A 024 市町村審査会

市町村審査会は、障害支援区分の判定を中立・公正な立場で専門的な観点から行う組織である。一次判定の結果と医師の意見書などに基づき、障害支援区分を判定する。

Q 025
□□
〔　　　　　　〕は、介護給付費等に係る処分の審査請求事案を取り扱う。

Q 026
□□
〔　　　　〕とは、医療を必要とし、常時介護を要する障害者に、機能訓練、看護、医学的管理の下における介護等を行うサービスである。

Q 027
□□
〔　　　　〕は、常時介護を要する障害者に、障害者支援施設等で介護、創作的活動や生産活動の機会の提供等を行うサービスである。

Q 028
□□
〔　　　　　　〕とは、一人暮らし等の障害者が居宅で自立した生活を送れるよう、定期的な巡回訪問や随時通報による相談に応じ、助言等を行うサービスである。

Q 029
□□
居宅介護や重度訪問介護では、一定の研修を修了した介護職員が医師の指示の下、喀痰《かくたん》吸引と〔　　　　〕を実施できる。

Q 030
□□
自立支援医療のうち、精神通院医療について支給認定を行うのは、〔　　　　〕および指定都市である。

Q 031
□□
自立支援医療制度は、都道府県または指定都市が指定した〔　　　　　　　　　　〕で利用できる。

Q 032
□□
自立支援給付のうち、居宅介護、重度訪問介護、生活介護、自立訓練、短期入所については、〔　　〕型サービスの対象となる。

Q 033
□□
生活介護や自立訓練の場合は、児童福祉法上の共生型児童発達支援や共生型〔　　　　　　　　　　〕の指定が受けやすくなる。

A 025 都道府県知事

都道府県知事は、介護給付費等に係る処分の審査請求事案を取り扱うほか、条例で定めるところにより、審査請求事案を取り扱う障害者介護給付費等不服審査会を置くことができる。

A 026 療養介護

医療を必要とし、常時介護を要する障害者に、機能訓練、看護、医学的管理の下における介護等を行うサービスは、療養介護である。

A 027 生活介護

生活介護の対象は、常時介護が必要な者で障害支援区分3以上（施設入所者は区分4以上）の者で、50歳以上の場合は区分2以上（施設入所者は区分3以上）である。

A 028 自立生活援助

自立生活援助は、訓練等給付の対象サービスの1つであり、一人暮らし等の障害者が居宅で自立した生活を送れるよう、定期的な巡回訪問や随時通報による相談に応じ、助言等を行う。

A 029 経管栄養

一定の研修を修了した介護職員は、医師の指示の下で喀痰吸引と経管栄養を実施できる。

A 030 都道府県

都道府県および指定都市は、精神通院医療について支給認定を行う。

A 031 指定自立支援医療機関

自立支援医療により医療費の軽減が受けられるのは、各都道府県または指定都市が指定した指定自立支援医療機関（病院・診療所・薬局・訪問看護ステーション）に限られている。

A 032 共生

居宅介護や重度訪問介護の場合は、介護保険制度の共生型訪問介護の指定を受けやすくなり、短期入所の場合は、介護保険制度の共生型短期入所生活介護や共生型介護予防短期入所生活介護の指定を受けやすくなる。

A 033 放課後等デイサービス

生活介護や自立訓練の場合は、介護保険制度の共生型通所介護や共生型地域密着型通所介護、児童福祉法上の共生型児童発達支援や共生型放課後等デイサービスの指定が受けやすい。

Q 034
□□
〔　　　〕は、基幹相談支援センターを設置することができる。

Q 035
□□
指定特定相談支援事業所において指定計画相談支援を行う者として配置されているのは、〔　　　　　　　〕である。

Q 036
□□
障害福祉サービスを利用する障害者等に対して個別支援計画を作成し、従業者に対して、技術指導、助言を行う専門職は、〔　　　　　　　　〕である。

Q 037
□□
基幹相談支援センターは、障害者総合支援法に基づく〔　　　〕の運営の中心的な役割を担うこととされている機関である。

4 児童福祉法の障害児対象サービス

Q 038
□□
児童発達支援は、障害児〔　　　　〕に含まれる。

Q 039
□□
重度の障害児のうち、児童発達支援などの利用が著しく困難なものに対し、居宅を訪問して、日常生活における基本的な動作の指導、知識技能の付与、生活能力の向上のために必要な訓練などを行うのは、〔　　　　　　　　　　　〕である。

Q 040
□□
児童福祉法上の放課後等デイサービスの指定を受けた事業所であれば、基本的に障害者総合支援法上の共生型〔　　　〕の指定を受けることができる。

Q 041
□□
障害児入所給付費は、〔　　　　〕に対して支給申請をすることとなっている。

A 034 市町村

基幹相談支援センターを設置できるのは市町村である。

A 035 相談支援専門員

相談支援専門員は、指定特定相談支援事業所に１人以上配置され、障害者のニーズを知り、アセスメントに基づいたサービス等利用計画を作成する。

A 036 サービス管理責任者

サービス管理責任者は、療養介護、生活介護、自立訓練（機能訓練・生活訓練）、就労移行支援、就労継続支援Ａ型、就労継続支援Ｂ型、就労定着支援、自立生活援助、共同生活援助に配置される職種で、利用者の個別支援計画を策定することが業務の中心である。

A 037 協議会

基幹相談支援センターは、地域の相談支援の拠点として、総合的・専門的な相談業務や地域の事業者支援等を行う機関であり、協議会の運営の中心的な役割を担っている。

A 038 通所支援

障害児通所支援とは、放課後等デイサービス、児童発達支援、医療型児童発達支援、保育所等訪問支援、居宅訪問型児童発達支援をいう。

A 039 居宅訪問型児童発達支援

居宅訪問型児童発達支援は、重度の障害児のうち、児童発達支援などの利用が著しく困難なものに対し、居宅を訪問して、日常生活における基本的な動作の指導、知識技能の付与、生活能力の向上のために必要な訓練などを行う。

A 040 生活介護

障害福祉制度における自立訓練、児童発達支援、放課後等デイサービスの指定、もしくは介護保険制度における通所介護や地域密着型通所介護の指定を受けた事業所であれば、基本的に共生型生活介護の指定を受けることができる。

A 041 都道府県

障害児入所給付費を受けようとする障害児の保護者は、原則として、都道府県に対して支給申請を行う。

5　障害者差別解消法

Q 042 □□

障害者差別解消法は、〔　　　　　　〕に関する条約を締結するための国内法制度の整備の一環として制定された。

Q 043 □□

国及び地方公共団体は、障害者差別解消法の趣旨にのっとり、障害を理由とする差別の解消の推進に関して〔　　　　　　〕を策定しなければならない。

Q 044 □□

障害者差別解消法では、国民に対して、「障害を理由とする差別の解消の推進に〔　　　〕するよう努めなければならない」という責務を課している。

Q 045 □□

障害者差別解消支援地域協議会の事務に従事している者や、事務に従事していた者は、正当な理由なく、当該協議会の事務に関して知り得た〔　　　〕を漏らしてはならない。

Q 046 □□

障害を理由とする差別の解消の推進に関する基本方針の案を作成する場合は、あらかじめ、〔　　　　　　〕委員会の意見を聴かなければならない。

Q 047 □□

行政機関などは、障害者から社会的障壁の除去を必要とする旨の意思表明があった場合、その実施に伴う負担が過重でないときは、必要かつ〔　　　〕な配慮が求められる。

6　障害者虐待防止法

Q 048 □□

障害者虐待防止法における障害者虐待は、養護者による障害者虐待、障害者福祉施設従事者等による障害者虐待、〔　　　〕による障害者虐待の3類型がある。

A 042 障害者の権利

障害者差別解消法は、2006年に国連で採択された「**障害者の権利に関する条約**」を締結するための国内法制度の整備の一環として、2013（平成25）年に制定された。

A 043 必要な施策

国及び地方公共団体の責務として、障害者差別解消法の趣旨にのっとり、**障害**を理由とする差別の解消の推進に関して必要な**施策**を策定し、及びこれを実施しなければならないと規定されている。

A 044 寄与

障害者差別解消法では、障害を理由とする差別の解消に向けて、国民に対して**努力義務**を課している。

A 045 秘密

過去に障害者差別解消支援地域協議会の事務に従事していた者についても、**秘密保持義務**は適用される。

A 046 障害者政策

障害を理由とする差別の解消の推進に関する基本方針の案を作成する場合は、あらかじめ、障害者等の関係者の意見を反映させるために必要な措置を講じるほか、**障害者政策委員会**の意見を聴かなければならない。

A 047 合理的

行政機関や事業者に対して、障害者から社会的障壁の除去を必要とする旨の意思表明があった場合、その実施に伴う負担が過重でないときは、社会的障壁の除去の実施について**必要**かつ**合理的**な**配慮**を求めている。

A 048 使用者

障害者虐待防止法における**使用者**とは、障害者を雇用する事業主のほかに、当該障害者が派遣労働者である場合には、当該派遣労働者に係る労働者派遣の役務の提供を受ける事業主その他これに類するものとして政令で定める事業主のことである。

Q 049 □□ 障害者虐待防止法における身体的虐待には、正当な理由なく障害者の身体を〔　　〕することも含まれる。

Q 050 □□ 障害者虐待防止法では、養護者による虐待として、〔　〕種類を規定している。

Q 051 □□ 〔　　　　　　〕は、毎年度、障害者福祉施設従事者等による障害者虐待の状況、虐待があった場合にとった措置等を公表しなければならない。

Q 052 □□ 医療機関の〔　　　　〕は、医療機関を利用する障害者に対する虐待を防止するために必要な措置を講じることとしている。

Q 053 □□ 養護者による虐待を受けたと思われる障害者を発見した者は、速やかに、これを〔　　　　〕に通報する義務がある。

Q 054 □□ 障害者福祉施設従事者等による障害者虐待を受けたと思われる障害者を発見した者は、速やかに、これを〔　　　　〕に通報する義務がある。

Q 055 □□ 使用者による障害者虐待を受けた障害者は、その旨を市町村または〔　　　　　〕に届け出ることができる。

Q 056 □□ 都道府県及び都道府県障害者権利擁護センターは、使用者による障害者虐待の通報を受けたときは、〔　　　　〕に報告しなければならない。

A 049 拘束

障害者虐待防止法における身体的虐待とは、障害者の身体に外傷が生じる、もしくは生じるおそれのある暴行を加えることや、正当な理由なく障害者の身体を拘束することをいう。

A 050 5

養護者による虐待として、身体的虐待、性的虐待、心理的虐待、放棄・放置（ネグレクト)、経済的虐待の5種類を規定している。

A 051 都道府県知事

毎年度、障害者福祉施設従事者等による障害者虐待の状況、虐待があった場合にとった措置等を公表しなければならないのは、都道府県知事である。

A 052 管理者

医療機関の管理者は、医療機関の職員などの関係者に対して障害および障害者に関する理解を深めるための研修の実施と普及啓発や、医療機関を利用する障害者に対する虐待に対処するための措置などを講じるものとしている。

A 053 市町村

養護者による虐待を受けたと思われる障害者を発見した者は、速やかに、これを市町村に通報しなければならない。

A 054 市町村

障害者福祉施設従事者等による障害者虐待を受けたと思われる障害者を発見した者は、速やかに、これを市町村に通報しなければならない。なお、障害者福祉施設従事者等による障害者虐待を受けた障害者は、その旨を市町村に届け出ることができる。

A 055 都道府県

使用者による障害者虐待を受けたと思われる障害者を発見した場合は、市町村または都道府県に通報しなければならない。

A 056 労働局

使用者による障害者虐待では、労働局への報告を行うことになっている。労働局は、監督権限等の適切な行使を行うこと、措置等の公表をすることが求められる。

9

刑事司法と福祉

ココ!確認 ポイント・チェック!

保護観察の目的

指導監督	・面接その他の適当な方法により保護観察対象者と接触を保ち、その行状を把握する ・保護観察対象者が遵守事項を守り、生活行動指針に即して生活・行動するよう必要な指示その他の措置をとる ・特定の犯罪的傾向を改善するための専門的処遇を実施する
補導援護	・適切な住居などの宿泊場所を得たり、そこに帰住したりすることを助ける ・医療や療養、教養訓練を受けることを助けたり、就労支援を行ったりする ・生活環境の改善・調整や、社会生活の適応に必要な生活指導を行う ・その他、対象者が健全な社会生活を営むために必要な助言その他の措置を行う

保護観察の対象者

号種	保護観察対象者	期間
1号観察	保護観察処分少年 (家庭裁判所で保護観察に付された者)	原則20歳に達するまでまたは2年間 (例外的に23歳まで)
2号観察	少年院仮退院者 (少年院からの仮退院を許された者)	原則20歳に達するまで (例外的に26歳まで)
3号観察	仮釈放者(仮釈放を許された者)	残刑期間
4号観察	保護観察付執行猶予者 (裁判所で刑の全部または一部の執行を猶予され保護観察に付された者)	執行猶予の期間
5号観察	婦人補導院仮退院者 (婦人補導院からの仮退院を許された者)	補導処分の残期間

保護観察官と保護司の役割

保護観察官	地方委員会の事務局や保護観察所に配置され、更生保護に関する専門的知識に基づき、保護観察・調査・生活環境の調整その他犯罪をした者及び非行のある少年の更生保護並びに犯罪の予防に関する事務に従事する
保護司	保護観察官で十分でないところを補い、地方委員会や保護観察所の長の指揮監督を受けて、保護司法の定めるところに従い、それぞれ地方委員会や保護観察所の所掌事務に従事する 保護司は、保護観察所の長の推薦により法務大臣が委嘱する 更生保護サポートセンターは、保護司の活動拠点である

仮釈放等の許可基準

仮釈放	改悛の状（❶悔悟の情及び改善更生の意欲がある、❷再び犯罪をするおそれがない、❸保護観察に付することが改善更生のために相当である、❹社会の感情がこれを是認すると認める）があり、法定期間を過ぎているとき
仮出場	被収容者の心身の状況、収容または留置の期間、社会の感情などを考慮し、相当と認めるとき
少年院からの仮退院	・処遇の最高段階に達した者については、保護観察に付することが本人の改善更生のために相当であると認めるとき ・処遇の最高段階に達していない場合においては、その努力により成績が向上し、保護観察に付することが改善更生のために特に必要であると認めるとき
婦人補導院からの仮退院	補導の成績が良好であり、かつ、保護観察に付することが改善更生のために相当であると認めるとき

自立更生促進センター

意義	保護観察所に宿泊施設を整備して、主に刑務所を仮釈放となった人を一定期間受け入れ、そこに宿泊させながら、**保護観察官が直接指導監督する**ことにより社会復帰を促すための施設
対象者	刑務所内の成績が良好であるのに、親族や更生保護施設などの受入れ先を確保できない者
開設施設	・**北九州自立更生促進センター** ・**福島自立更生促進センター** ・**沼田町就業支援センター** ・**茨城就業支援センター**

地域生活定着支援センターの業務

❶コーディネート業務	矯正施設に入所中の人に対する支援 保護観察所の「特別調整」への協力 ※「特別調整」の要件 ・高齢（おおむね65歳以上)、障害を有する ・退所後の適当な住居がない ・退所後に福祉サービスを受けることが必要だと認められること ・調整の対象となることに同意していること　など
❷フォローアップ業務	矯正施設から退所した特別調整対象者への支援 あっせんした施設等へのアフターケア
❸相談支援業務	矯正施設から退所した特別調整を経ていない人への福祉的助言等

更生保護制度の民間協力者

更生保護女性会	女性としての立場から、地域社会の犯罪・非行の防止のため啓発活動を行い、更生に協力するボランティア団体
BBS会	非行少年に、友達の立場から支援を行う青年のボランティア。勉強の手伝いや話し相手になったりする
協力雇用主	保護観察や更生緊急保護の対象者の事情を理解した上で雇用し、改善更生に協力する民間の事業主。建設業、サービス業、製造業等

「医療観察制度」における専門諸機関

精神保健審判員	適切な処遇決定のため裁判官と構成する合議体の一員。医師
精神保健参与員	精神保健福祉士等、専門的知識を有する者で審判にあたって意見を述べる
社会復帰調整官	精神保健福祉士・保健師・看護師・作業療法士・社会福祉士で精神障害者に関する業務経験のある者で保護観察所に配置。国家公務員として採用される 「生活環境の調査」「生活環境の調整」「精神保健観察」を実施する

生活環境の調整の種類と主な実施内容

種類	主な実施内容
・保護観察における補導援護としての生活環境の調整 ・矯正施設に収容中の者に対する生活環境の調整 ・保護観察付執行猶予者の裁判確定前の生活環境の調整 ・更生緊急保護としての生活環境の調整	・釈放後の住居の確保 ・引受人（対象者の改善更生のために特に協力する者）の確保 ・引受人以外の家族、関係人の理解及び協力の要請 ・釈放後の就業先・通学先の確保 ・対象者の改善更生を妨げる生活環境の改善 ・公共の衛生福祉に関する機関などとの調整

専門的処遇プログラム

性犯罪者処遇プログラム	性犯罪に結びつくおそれのある認知の偏り、**自己統制力**の不足などの自己の問題性について理解させるとともに、再犯防止のための具体的な方法を習得し、**犯罪的傾向**を改善することを目的としたもの
薬物再乱用防止プログラム	依存性薬物の悪影響を認識させ、その**再乱用防止**のための具体的な方法と、薬物依存からの回復に資する発展的な知識とスキルを習得させることを目的としたもの。**教育課程**※と簡易薬物検出**検査**（尿検査や唾液検査）を組み合わせて実施する
暴力防止プログラム	自己の思考傾向を自覚させ、その思考傾向の変容を促すとともに、危機的な場面で暴力行為を**回避する方法**を身につけさせることを目的としたもの
飲酒運転防止プログラム	アルコールが心身及び自動車などの運転に与える影響を認識させ、**飲酒運転**に結びつく自己の問題性について理解させるとともに、再犯防止のための具体的な方法を習得させることを目的としたもの

※コアプログラムとステップアッププログラムの２段階で行われる。コアプログラムは、薬物の悪影響と依存性、自己の問題性を理解させ、薬物再乱用防止のため、おおむね２週間に１回の頻度で具体的な方法を習得させる（３月程度で全５回）。ステップアッププログラムは、発展課程（コアプログラムで履修した内容を定着、応用、実践）、特修課程（依存回復に資する発展的な知識及びスキルを習得）、特別課程（❶外部の専門機関・民間支援団体の見学、❷家族を含めた合同面接）で構成されており、おおむね１月に１回の頻度で原則として保護観察終了まで実施。

一問一答 ＋穴埋めドリル！

1 更生保護制度

Q 001 □□
更生保護制度を基礎づけている法律は、〔　　　　〕法である。

Q 002 □□
更生保護法は、犯罪をした者及び非行のある少年に対して、〔　　〕内において適切な処遇を行うことにより再犯を防ぎ、またはその非行をなくし自立と改善更生を助けることを目的としている。

Q 003 □□
家庭裁判所の審判に付すべき少年について、家庭裁判所は〔　　　　　　〕官に命じて、少年、保護者または参考人の取調その他の必要な調査を行わせることができる。

Q 004 □□
保護観察中に再び犯罪や非行をしたり、遵守事項を守っていないなど保護観察の成績が不良である者に対する不良措置として、〔　　　〕の取消しや、少年院への戻し収容などがある。

Q 005 □□
保護観察処分少年の保護観察期間は、保護処分決定の日から、原則として〔　　〕歳に達するまでの期間である。

Q 006 □□
仮釈放等の種類には、①仮釈放、②仮出場、③少年院からの仮退院、④〔　　　　　〕からの仮退院の 4 つがある。

Q 007 □□
保護観察の方法には、権力的性格を有する指導監督と福祉的な性格を有する〔　　　　〕がある。

A 001
更生保護

更生保護法は、更生保護制度の基礎となる法律であり、法律上初めて「更生保護」の語を使用した犯罪者予防更生法と、執行猶予者保護観察法を整理、統合するかたちで2007（平成19）年に制定された。

A 002
社会

更生保護法は、犯罪をした者及び非行のある少年に対して、社会内において適切な処遇を行うことにより再犯を防ぎまたはその非行をなくし自立と改善更生を助けることを目的としている。

A 003
家庭裁判所調査

家庭裁判所は、家庭裁判所の審判に付すべき少年について、家庭裁判所調査官に命じ、少年、保護者または参考人の取調その他の必要な調査を行わせることができる。

A 004
仮釈放

保護観察では、その期間中に再び犯罪や非行を行うなど、保護観察の成績が不良な者について、仮釈放の取消し、少年院への戻し収容などが行われる場合がある。なお、仮釈放の取消しは地方更生保護委員会が、少年院への戻し収容は保護観察所長の申出と地方更生保護委員会の申請を経て、家庭裁判所が決定する。

A 005
20

保護観察処分少年（家庭裁判所で保護観察に付された者）の保護観察期間は、保護処分決定の日から、原則として、20歳に達するまでまたは2年間（例外的に23歳まで）である。

A 006
婦人補導院

仮釈放や少年院からの仮退院、婦人補導院からの仮退院の期間中は保護観察に付されるが、仮出場の場合には保護観察には付されない。

A 007
補導援護

保護観察の方法には、権力的性格を有する指導監督と福祉的な性格を有する補導援護があり、それぞれ更生保護法に規定されている。

Q 008
□□
家庭裁判所は、都道府県知事から送致を受けた触法少年を〔　　〕に付すことができる。

Q 009
□□
保護観察付執行猶予者について行われる仮解除の措置は、保護観察の〔　　〕措置に含まれる。

Q 010
□□
指導監督では、特定の犯罪的傾向を改善するための〔　　〕を実施する。

Q 011
□□
懲役、禁錮または拘留の刑の執行を終わった者、労役場からの〔　　〕を許された者や少年院からの仮退院を許された者などは、更生緊急保護の対象となる。

Q 012
□□
更生緊急保護の実施期間は、対象者が刑事上の手続きまたは保護処分による身体の拘束を解かれた後、〔　　〕を超えない範囲内で行う。

Q 013
□□
更生緊急保護は、更生保護事業を営む者その他の適当な者に〔　　〕することができる。

Q 014
□□
更生保護に関する事務は、〔　　〕が所掌している。

Q 015
□□
更生保護施設は、被保護者に対して、宿所や食事の提供だけでなく、酒害・薬害教育や〔　　〕(社会生活技能訓練)などの処遇も行う。

Q 016
□□
刑の一部執行猶予制度は、比較的罪の軽い初犯者、薬物使用者らを対象に、３年以下の懲役・禁錮刑のうち、刑の一部の執行を１～〔　〕年の範囲で猶予するものである。

A 008
審判

家庭裁判所が、14歳に満たないで刑罰法令に触れる行為をした少年（触法少年）を審判に付すことができるのは、都道府県知事または児童相談所長から送致を受けた場合に限られる。

A 009
良好

保護観察付執行猶予者について行われる仮解除の措置や、少年院仮退院者について行われる退院の措置は、保護観察の良好措置に含まれる。

A 010
専門的処遇

指導監督として行う専門的処遇には、性犯罪者処遇プログラム、薬物乱用防止プログラム、暴力防止プログラム、飲酒運転防止プログラムがある。

A 011
仮出場

更生緊急保護は、満期釈放などにより社会に戻ったものの、家族や身寄りがなく、援助や保護を受けることができない場合に、主に衣食住に関する支援を行うものである。

A 012
6か月

更生緊急保護の実施期間は、対象者が刑事上の手続きまたは保護処分による身体の拘束を解かれた後、6か月を超えない範囲内で行う。ただし、必要があると認められる場合には、さらに6か月を超えない範囲内で延長することができる。

A 013
委託

更生緊急保護は、保護観察所の長が自ら行うか、更生保護事業を営む者その他の適当な者に委託して行うことができる。

A 014
地方更生保護委員会

更生保護に関する事務は、地方更生保護委員会が所掌している。

A 015
SST

更生保護施設では、社会生活に適応させるために必要な生活指導の一環として、酒害・薬害教育やSSTなどの処遇も行っている。

A 016
5

保護観察付執行猶予の場合には、裁判所が刑の全部または一部の執行を猶予すると同時に保護観察に付し、猶予の期間中、保護観察所の保護観察官や保護司の指導を受けることになる。刑の一部の執行猶予期間は、刑期とともに判決時に言い渡される。

Q 017 □□ 更生保護においては、犯罪被害者等のために、①意見等聴取制度、②心情等伝達制度、③〔　　　　　　〕制度、④相談・支援の4つの施策が行われている。

Q 018 □□ 恩赦は、〔　　〕恩赦と個別恩赦の2つに分けられる。

2 保護観察官と保護司

Q 019 □□ 保護観察官は、保護観察所と〔　　　　　　〕委員会に配置されている。

Q 020 □□ 保護司の任期は〔　〕年である。

Q 021 □□ 保護司は、法務大臣が都道府県の区域を分けて定める〔　　〕のいずれかに属し、各地域において活動を行う。

Q 022 □□ 保護司は、〔　　　　〕から委嘱される。

Q 023 □□ 保護司は、〔　　　　　〕では十分でないところを補うものとしており、〔　　　　　〕と協働して、保護観察、生活環境の調整、犯罪予防活動などを行う。

Q 024 □□ 被害者を担当する保護司は、その任に当たる間、〔　　　〕の保護観察は行わない。

Q 025 □□ 保護司は、保護区ごとに保護司会、〔　　　　〕ごとに保護司会連合会を組織している。

A 017
被害者等通知

被害者等通知制度は、地方更生保護委員会が、加害者の仮釈放・仮退院の審理に関する事項について、保護観察所が、仮釈放者及び保護観察付執行猶予者の保護観察の処遇状況に関する事項について、犯罪被害者等に通知する制度である。

A 018
政令

恩赦は、政令恩赦と個別恩赦の２つに分けられ、①大赦（政令恩赦のみ）、②特赦（個別恩赦のみ）、③減刑、④刑の執行の免除（個別恩赦のみ）、⑤復権の５つの種類がある。

A 019
地方更生保護

保護観察官は、保護観察所（全国50か所）と地方更生保護委員会（全国８か所）に配置されている。

A 020
2

保護司の任期は２年であり、再任も認められている。なお、保護司には給与は支給されないが、職務に要した費用については実費弁償の形で支給される。

A 021
保護区

保護司は、地方更生保護委員会または保護観察所長の指揮監督を受けて、地方更生保護委員会または保護観察所の所掌業務に従事する。

A 022
法務大臣

保護司は、保護観察所の長の推薦により法務大臣が委嘱する。

A 023
保護観察官

保護司は、職務を行うにあたって知り得た関係者の身上に関する秘密を尊重し、その名誉保持に努めなければならない。

A 024
加害者

各保護観察所には、被害者担当官と被害者担当保護司が配置されており、担当者は任期中、加害者の保護観察は行わない。

A 025
都道府県

保護司会は、犯罪予防活動の計画の策定や保護司の職務に関する連絡及び調整、保護司の研修などの業務を行う。一方、保護司会連合会は、保護司会の任務に関する連絡及び調整などの業務を行う。

3 医療観察法

Q 026
□□
医療観察制度の対象となる行為は、殺人、〔　　〕、強盗、不同意性交等、不同意わいせつ及び傷害等に当たる行為である。

Q 027
□□
裁判所により入院命令が言い渡された場合、その対象者に対して医療を実施する指定入院医療機関は、〔　　　　　　　〕が指定した病院である。

Q 028
□□
精神保健観察の実施機関は、法務省が所管する〔　　　　　　　〕である。

Q 029
□□
社会復帰調整官は、「医療観察法」上の業務として、指定入院医療機関に出向き、対象者の退院後の〔　　　　　〕の調整を行う。

Q 030
□□
精神保健観察の「守るべき事項」に違反すると、〔　　　　　　　〕の決定により、再入院の措置がとられる。

Q 031
□□
医療観察法が規定する審判は、地方裁判所において裁判官と〔　　　　　　　　〕との合議体により行われる。

Q 032
□□
入院によらない医療を受けさせるいわゆる通院決定がなされた場合、その通院医療の期間は、原則〔　〕年間である。

Q 033
□□
医療観察法において、医療観察制度による処遇に携わる者は、心神喪失等の状態で重大な他害行為を行った者が円滑に〔　　　　〕をすることができるように努めなければならない。

A 026
放火

医療観察制度の対象となる重大な他害行為は、①殺人、②放火、③強盗、④不同意性交等、⑤不同意わいせつ（これらの未遂等も含む）、⑥傷害（軽微なものを除く）にあたる行為をいう。

A 027
厚生労働大臣

医療観察制度における入院決定を受けた者は、厚生労働大臣が定める指定入院医療機関に入院し、専門的な医療を受けることになる。

A 028
保護観察所

精神保健観察の実施機関は、法務省が所管する保護観察所であり、保護観察所に配属される社会復帰調整官がその事務に従事する。

A 029
生活環境

社会復帰調整官の「医療観察法」上の業務には、生活環境の調整、生活環境調査、精神保健観察がある。

A 030
地方裁判所

精神保健観察の「守るべき事項」に違反すると、地方裁判所の決定により、再入院の措置がとられる。

A 031
精神保健審判員

医療観察法が規定する審判は、地方裁判所において裁判官１名と精神保健審判員１名による合議体により行われる。

A 032
3

通院決定がなされた場合の通院医療の期間は、原則３年間（病状によっては２年を超えない範囲で延長可能）で、厚生労働大臣が定める指定通院医療機関で医療を受ける。

A 033
社会復帰

医療観察法第１条第２項に、医療観察制度による処遇に携わる者は、心神喪失等の状態で重大な他害行為を行った者が円滑に社会復帰をすることができるように努めなければならないと規定されている。

10

ソーシャルワークの基盤と専門職

ココ!確認  ポイント・チェック!

業務独占と名称独占

業務独占	資格を所持していない者は、当該業務に従事することはできない →医師、看護師、薬剤師など
名称独占	資格を所持していないものであっても、名称を用いなければ当該業務に従事することができる →社会福祉士、介護福祉士、理学療法士など

社会福祉士の義務等

誠実義務	社会福祉士は、その担当する者が個人の尊厳を保持し、その有する能力及び適性に応じ自立した日常生活を営むことができるよう、常にその者の立場に立って、誠実にその業務を行わなければならない
信用失墜行為の禁止	社会福祉士は、社会福祉士の信用を傷つけるような行為をしてはならない →違反した場合、登録の取消しまたは期間を定めた名称の使用停止
秘密保持義務	社会福祉士は、正当な理由がなく、その業務に関して知り得た人の秘密を漏らしてはならない。社会福祉士でなくなった後においても同様である →違反した場合、登録の取消しまたは期間を定めた名称の使用停止、１年以下の懲役または30万円以下の罰金
連携	社会福祉士は、その業務を行うにあたっては、その担当する者に、福祉サービス及びこれに関連する保健医療サービスその他のサービスが総合的かつ適切に提供されるよう、地域に即した創意と工夫を行いつつ、福祉サービス関係者等との連携を保たなければならない
資質向上の責務	社会福祉士は、社会福祉及び介護を取り巻く環境の変化による業務の内容の変化に適応するため、相談援助等に関する知識や技能の向上に努めなければならない
名称の使用制限	社会福祉士でない者は、社会福祉士という名称を使用してはならない →違反した場合、30万円以下の罰金

社会福祉士の倫理綱領

公益社団法人日本社会福祉士会の**「社会福祉士の倫理綱領」**は、1995（平成7）年に採択した「ソーシャルワーカーの倫理綱領」を改訂し、2005（平成17）年に採択したものを、2020（令和２）年に改訂・採択し直したものである。前文に続いて「原理」「倫理基準」から構成されている。

□原理

「原理」では、❶人間の尊厳、❷人権、❸社会正義、❹集団的責任、❺多様性の尊重、❻全人的存在の６つが述べられている。

原理	内容
人間の尊厳	社会福祉士は、すべての人々を、出自、人種、民族、国籍、性別、性自認、性的指向、年齢、身体的精神的状況、宗教的文化的背景、社会的地位、経済状況などの違いにかかわらず、かけがえのない存在として尊重する
人権	社会福祉士は、すべての人々を生まれながらにして侵すことのできない権利を有する存在であることを認識し、いかなる理由によってもその権利の抑圧・侵害・略奪を容認しない
社会正義	社会福祉士は、差別、貧困、抑圧、排除、無関心、暴力、環境破壊などの無い、自由、平等、共生に基づく社会正義の実現をめざす
集団的責任	社会福祉士は、集団の有する力と責任を認識し、人と環境の双方に働きかけて、互恵的な社会の実現に貢献する
多様性の尊重	社会福祉士は、個人、家族、集団、地域社会に存在する多様性を認識し、それらを尊重する社会の実現をめざす
全人的存在	社会福祉士は、すべての人々を生物的、心理的、社会的、文化的、スピリチュアルな側面からなる全人的な存在として認識する

□倫理基準

「倫理基準」では、実践を想定して、どのような倫理基準をもち行動するべきかについて、❶クライエントに対する倫理責任、❷組織・職場に対する倫理責任、❸社会に対する倫理責任、❹専門職としての倫理責任の４つが述べられている。

社会福祉士の行動規範

倫理綱領を行動レベルに具体化したものであり、社会福祉士が倫理綱領に基づいて実践するための行動。倫理綱領の改訂に続いて、2021（令和3）年3月20日に改訂・採択し直された。

□「社会に対する倫理責任」

ソーシャル・インクルージョン	・あらゆる差別、貧困、抑圧、排除、無関心、暴力、環境破壊などに専門的な視点から関心を持たなければならない ・専門的な視点と方法により、クライエントの状況とニーズを社会に発信し、ソーシャル・インクルージョンの実現に努めなければならない
社会への働きかけ	・社会における人権と社会正義の状況に関心を持たなければならない ・人権と社会正義の増進において変革と開発が必要であるとみなすとき、人々が主体的に社会の政策・制度の形成に参加し、互恵的な社会が実現されるよう支援しなければならない ・集団の有する力を認識し、人権と社会正義の実現のために、人と環境の双方に働きかけなければならない
グローバル社会への働きかけ	・グローバル社会の情勢に関心を持たなければならない ・グローバル社会における文化的社会的差異を認識し、多様性を尊重しなければならない ・出自、人種、民族、国籍、性別、性自認、性的指向、年齢、身体的精神的状況、宗教的文化的背景、社会的地位、経済状況などによる差別、抑圧、支配などをなくすためのソーシャルワーカーの国際的な活動に連帯しなければならない

アドボカシーの種類

ケースアドボカシー	**パーソナルアドボカシー**ともいい、利用者やその家族を対象に実施する権利を代弁する活動のことを指す
クラスアドボカシー	**システムアドボカシー**やコーズアドボカシーともいい、利用者集団や地域を対象に実施する権利を代弁する活動のことを指す
ピアアドボカシー	同じ問題やニーズを抱える者が集まり、双方の意見を代弁することをいう
セルフアドボカシー	当事者自ら権利擁護活動を行うことをいう

ソーシャルワーク専門職のグローバル定義（2014年）の特徴

ソーシャルワークの定義	ソーシャルワークは、社会変革と社会開発、社会的結束、および人々のエンパワメントと解放を促進する、実践に基づいた専門職であり学問である 社会正義、人権、集団的責任、および多様性尊重の諸原理は、ソーシャルワークの中核をなす ソーシャルワークの理論、社会科学、人文学、および地域・民族固有の知を基盤として、ソーシャルワークは、生活課題に取り組みウェルビーイングを高めるよう、人々やさまざまな構造に働きかける
ソーシャルワークの大原則	❶人間の内在的価値と尊厳の尊重 ❷危害を加えないこと ❸多様性の尊重 ❹人権と社会正義の支持
ソーシャルワークの正統性と任務	人々がその環境と相互作用する接点への介入にある 環境は、人々の生活に深い影響を及ぼすものであり、人々がその中にある様々な社会システムおよび自然的・地理的環境を含む

代表的なセツルメントと先駆者

トインビー・ホール	・世界で初めてのセツルメント活動の拠点として、1884年にイギリスのロンドンで建設された ・初代館長はバーネット ・労働者や児童への教育、セツルメントに参加した人（セツラー）の地域の社会資源への参加などの活動を行った
ネイバーフッド・ギルド	1886年、コイトらがニューヨークに設立したアメリカ初のセツルメント運動の拠点
ハル・ハウス	・アダムスがトインビー・ホールでの学習を踏まえて、1889年、アメリカのシカゴに設立。当時世界最大のセツルメント ・シカゴのスラム街に住む移民への支援が目的 ・子どもたちを対象にしたさまざまなグループ活動はのちのグループワークへと発展していった

一問一答＋穴埋めドリル！

1　社会福祉士の倫理・規定

Q 001
□□
社会福祉士及び介護福祉士法において、社会福祉士の名称の使用は、〔　　〕後でなければならないとしている。

Q 002
□□
社会福祉士は、〔　　〕独占の国家資格である。

Q 003
□□
社会福祉士でない者が社会福祉士の名称を使用した場合に〔　　〕がある。

Q 004
□□
社会福祉士は、社会福祉士の〔　　〕を傷つけるような行為をしてはならない。

Q 005
□□
社会福祉士は、正当な理由がなく、その業務に関して知り得た人の〔　　〕を漏らしてはならない。

Q 006
□□
社会福祉士は、その担当する者が個人の尊厳を保持し、自立した日常生活を営むことができるよう、常にその者の立場に立って、〔　　〕にその業務を行わなければならない。

Q 007
□□
社会福祉士は、業務内容の変化に対応するため、知識と〔　　〕の向上に努めなければならない。

Q 008
□□
社会福祉士は、その業務を行うにあたり、福祉サービス関係者等との〔　　〕を保たなければならない。

Q 009
□□
社会福祉士は、研修や自主勉強会等の機会を生かして、常に〔　　　　〕に努めなければならない。

A 001
登録

社会福祉士となる資格を有する者が社会福祉士になるには、社会福祉士登録簿に、氏名、生年月日その他厚生労働省令で定める事項の登録を受けなければならない。

A 002
名称

社会福祉士や介護福祉士は、名称独占（その資格をもつ者だけが、その名称を使用することができる）の国家資格であり、無資格者でも、その名称を名乗らなければ業務を行うことは可能である。

A 003
罰則

社会福祉士でない者が社会福祉士の名称を使用した場合、30万円以下の罰金となる。

A 004
信用

社会福祉士には、社会福祉士の信用を傷つけるような行為をしてはならないという信用失墜行為の禁止が課せられている。

A 005
秘密

社会福祉士及び介護福祉士法において、社会福祉士でなくなった後であっても秘密保持が適用される旨が規定されている。

A 006
誠実

社会福祉士の誠実義務とは、担当する者が個人の尊厳を保持し、自立した日常生活を営むことができるよう、常にその者の立場に立って、誠実にその業務を行わなければならないというものである。

A 007
技能

社会福祉士には、業務内容の変化に対応するため、知識と技能の向上に努めなければならないという資質向上の責務が課せられている。

A 008
連携

社会福祉士には、「業務を行うに当たって、福祉サービス関係者等との連携を保たなければならない」という連携保持義務が課せられている。

A 009
自己研鑽

「社会福祉士の行動規範」において、「社会福祉士は、研修や自主勉強会等の機会を生かして、常に自己研鑽に努めなければならない」と規定されている。

2　ソーシャルワーク専門職のグローバル定義（2014年）

Q 010
□□
2014年に採択された定義では、「社会開発・〔　　　　　〕の促進」という機能が追加された。

Q 011
□□
ソーシャルワークは、社会変革と社会開発、社会的結束、および人々の〔　　　　　　　〕と解放を促進する、実践に基づいた専門職であり学問であるとしている。

Q 012
□□
ソーシャルワークは、先住民を含めた地域・民族固有の〔　〕にも拠っていることを認識しているとしている。

Q 013
□□
ソーシャルワークは、できる限り、「〔　　　〕とともに」働くという考え方をとるとしている。

Q 014
□□
ソーシャルワークの大原則として、多様性の尊重や、人権と〔　　　　　〕の支持などが挙げられている。

3　日本社会福祉士会の倫理綱領（2020年）

Q 015
□□
2020（令和２）年６月に改訂された日本社会福祉士会の「社会福祉士の倫理綱領」は、「ソーシャルワーク専門職のグローバル定義」を、ソーシャルワーク実践の〔　　　〕となるものとして認識し、その実践の拠り所とするとしている。

Q 016
□□
「社会福祉士の倫理綱領」では、ソーシャルワークの大原則として、多様性の尊重や、人権と〔　　　　　〕の支持などが挙げられている。

A 010 社会的結束

2000年に採択された旧定義の「人間関係における問題解決を図り」という文言が、2014年に採択された定義で削除され、新たに「社会開発・社会的結束の促進」という機能が追加された。

A 011 エンパワメント

ソーシャルワーク専門職の中核となる任務には、社会変革・社会開発・社会的結束の促進、および人々のエンパワメントと解放があるとしている。

A 012 知

ソーシャルワークは、特定の実践環境や西洋の諸理論だけでなく、先住民を含めた地域・民族固有の知にも拠っていることを認識しているとしている。

A 013 人々

「ソーシャルワーク専門職のグローバル定義」の実践の項目に、ソーシャルワークは、できる限り、「人々とともに」働くという考え方をとると明記されている。

A 014 社会正義

ソーシャルワークの大原則を、人間の内在的価値と尊厳の尊重、危害を加えないこと、多様性の尊重、人権と社会正義の支持であるとしている。

A 015 基盤

「社会福祉士の倫理綱領」では、「ソーシャルワーク専門職のグローバル定義」を、ソーシャルワーク実践の基盤となるものとして認識し、その実践の拠り所とするとしている。

A 016 社会正義

「社会福祉士の倫理綱領」では、ソーシャルワークの大原則を、人間の内在的価値と尊厳の尊重、危害を加えないこと、多様性の尊重、人権と社会正義の支持であるとしている。

Q 017 □□ 「社会福祉士の倫理綱領」では、ソーシャルワークについて、ソーシャルワークの専門職は、人間の福利（ウェルビーイング）の増進を目指して、社会の変革を進め、人間関係における問題解決を図り、人々の〔　　　　　　　　〕と解放を促していくと定義している。

4 アドボカシー

Q 018 □□ 〔　　　　〕アドボカシーとは、１人のクライエントの利益と安定した生活を守るための働きである。

Q 019 □□ 〔　　　　〕アドボカシーとは、利用者集団や地域を対象に実施する権利を代弁する活動をいう。

Q 020 □□ 〔　　　　〕アドボカシーとは、当事者自ら権利擁護活動を行うことをいう。

Q 021 □□ シチズンアドボカシーでは、クライエントを含む市民を主体とした〔　　　　　〕を行う。

Q 022 □□ 〔　　　　　〕アドボカシーとは、クライエントの権利を守るために、法的な手段を用いる活動である。

5 ソーシャルワークの形成過程

Q 023 □□ 貧困問題の解決のために大学生や教員、社会事業家などがスラム地域に住み込み、そこに住む住民との交流を通じて、生活の向上を図ろうとする取組を、〔　　　　　　　　〕という。

A 017
エンパワメント

「社会福祉士の倫理綱領」では、ソーシャルワークについて、ソーシャルワークの専門職は、人間の福利（ウェルビーイング）の増進を目指して、社会の変革を進め、人間関係における問題解決を図り、人々のエンパワメントと解放を促していくと定義している。

A 018
ケース

１人のクライエントの利益と安定した生活を守るための働きは、ケースアドボカシーである。

A 019
クラス

クラスアドボカシーは、システムアドボカシーやコーズアドボカシーともいい、利用者集団や地域を対象に実施する権利を代弁する活動を意味するものである。

A 020
セルフ

当事者自ら権利擁護活動を行うことは、セルフアドボカシーである。

A 021
市民運動

シチズンアドボカシーとは、クライエントを含む市民が主体となって行う権利擁護に向けた市民運動をいう。

A 022
リーガル

リーガルアドボカシーは、クライエントの権利を守るために、法的な手段を用いて権利の獲得などに向けた活動である。

A 023
セツルメント

セツルメントとは、貧困問題の解決のために大学生や教員、社会事業家などがスラム地域に住み込み、そこに住む住民との交流を通じて、生活の向上を図ろうとする取組です。貧困からの脱出には、教育と環境の改善が必要として、子どもたちに対するグループ活動などを通じて社会改良を目指した。

Q 024 □□ イギリスにおけるセツルメント活動の拠点となった、トインビー・ホールは、〔　　　　　〕が創設した。

Q 025 □□ アメリカにおけるセツルメント活動に大きな影響を及ぼしたハル・ハウスは、〔　　　　　〕が創設した。

Q 026 □□ リッチモンドは、『ソーシャル・ケース・ワークとは何か』において、ケースワークを人間と社会環境との間を調整し、〔　　　　　　　〕を発達させる諸過程と定義した。

Q 027 □□ 〔　　　　　　〕は、ソーシャルワークに不可欠な要素として「価値」「知識」「介入」の3つを挙げた。

Q 028 □□ 〔　　　　　〕は、ソーシャルワーク固有の価値前提として、「人間尊重」「人間の社会性」「変化の可能性」を挙げている。

Q 029 □□ 〔　　　　　〕は、グループワークにおけるソーシャルワーカーの媒介機能を重視する相互作用モデルを展開した。

Q 030 □□ ソーシャルワークの統合化とは、ケースワーク、グループワーク、〔　　　　　〕ワークの主要な援助方法の共通基盤を統合化する動きのことをいう。

Q 031 □□ ミルフォード会議の報告書（1929年）において、ケースワークにおけるジェネリック（一般性）と〔　　　　　　　〕（専門性）の概念が提起された。

Q 032 □□ ジェネラリスト・アプローチはソーシャルワークの〔　　　〕の一形態である。

A 024
バーネット

バーネットは、1884年、ロンドンのイースト・エンドに世界最初のセツルメントであるトインビー・ホールを設立し、イギリスにおけるセツルメント活動の拠点となった。

A 025
アダムス

ハル・ハウスは、アダムスがトインビー・ホールでの学習を踏まえて、1889年、アメリカのシカゴに設立した。シカゴのスラム街に住む移民への支援が目的で、子どもたちを対象にしたさまざまなグループ活動はのちのグループワークへと発展していった。

A 026
パーソナリティ

リッチモンドは、ケースワークの体系化に大きな功績を残したため、「ケースワークの母」と呼ばれている。

A 027
バートレット

バートレットは、ソーシャルワークに不可欠な要素として「価値」「知識」「介入」の3つを挙げて、「知識」や「価値」が「介入」よりも優先されると主張した。

A 028
ブトゥリム

ブトゥリムの著書『ソーシャルワークとは何か―その本質と機能』で、「人間尊重」「人間の社会性」「変化の可能性」は、ソーシャルワーク固有の価値前提となることを示した。

A 029
シュワルツ

シュワルツは、個人と社会の関係は共生的な相互依存関係であるとし、ソーシャルワーカーの媒介機能を重視する相互作用モデルを展開した。

A 030
コミュニティ

ソーシャルワークの統合化の背景には、多様化、複雑化、深刻化するクライエントの生活問題に、専門分化されたソーシャルワークの機関やサービスが対応できていないという懸念があった。

A 031
スペシフィック

1929年に発表されたミルフォード会議の報告書では、ジェネリック・ソーシャル・ケースワーク（各分野に共通する概念や知識、技術などの基本となる部分のケースワーク）とスペシフィック・ソーシャル・ケースワーク（特定の分野で、専門的な概念や知識、技術などを用いて行うケースワーク）の概念が提起された。

A 032
統合化

ジェネラリスト・アプローチはソーシャルワークの統合化の一形態であり、どのような実践現場においても応用可能なアプローチである。

11

ソーシャルワークの理論と方法

ココ!確認 ポイント・チェック!

ソーシャルワークの実践モデルとアプローチ

治療モデル（リッチモンド）	・個人の精神内界に着目 ・クライエントの状況の診断と処遇（治療）の過程を重視
生活モデル（ジャーメイン/ギッターマン）	・治療モデルへの批判に対し、問題点を克服しようと試みた ・生態学やシステム理論が基盤 ・クライエントを、治療の対象ではなく、環境との相互作用を通じて成長する生活主体者と捉える ・人と環境との関わりを含めて、全体的かつ多面的にアセスメントする ・人と環境が調和できることを目標とし、クライエント自身の対処能力（コンピテンス）に着目
ストレングスモデル（サリービー/ラップ/ゴスチャ）	・クライエントの強み（ストレングス）を評価し、クライエントを課題解決の「主体」と捉える ・地域を資源のオアシスとして捉える ・社会資源や地域の潜在力も活用する ・クライエントとソーシャルワーカーの援助関係を重視し、クライエント自身が捉える現実や価値を重視
診断主義アプローチ（トール/ハミルトン）	・クライエントの心理的側面を重視 ・過去の生活史とパーソナリティの発達に焦点化 ・ソーシャルワーカーが主導する長期的な援助 ・調査―診断―治療のプロセスを重視
機能的アプローチ（ロビンソン/タフト/スモーリー）	・クライエントの自由意志を尊重 ・クライエントを中心に捉える ・ソーシャルワーカーの所属する機関の「機能」を提供 ・初期―中期―終期の時間的展開を重視
心理社会的アプローチ（ホリス）	・クライエントと社会的側面、あるいは、個人と社会環境との全体的な関連性を捉える「状況の中の人」が中心概念 ・クライエントが社会関係のなかでニーズを満たせるように援助
問題解決アプローチ（パールマン）	・クライエントが主体的に問題解決しようとする「過程」をケースワークと捉え、ワーカビリティを重視 ・社会的役割を果たすうえで生じる問題や葛藤に対し、クライエント自身が対処できるよう援助
危機介入アプローチ（ラポポート/キューブラー-ロス/リンデマン/キャプラン）	・危機に直面したクライエントに対し、短期間に、積極的に介入することで、クライエントの社会的機能の回復を目指す ・悲しみや絶望感などの感情表出を促し、受容と共感を通してサポート

行動変容 **アプローチ** （トーマス/バンデューラ）	・バンデューラは、社会的学習理論を提唱し、他者の行動を観察・模倣すること（モデリング）で学習できると示した ・望ましい行動を増やし、望ましくない行動を減らすといった行動変容が目標
課題中心 **アプローチ** （リード/エプスタイン）	・短期処遇による問題解決と計画性が重視されるため、解決すべき課題と優先度を明確化 ・「課題」（task）とは、現在起きている問題に対して対応すべき「行動」（action）のことをいう
実存主義 **アプローチ** （クリル）	・クライエントが自らの存在意味を把握し、自己を安定させることで、疎外からの解放を目指す ・ロゴ（意味）セラピーやゲシュタルト療法などさまざまな心理療法に取り入れられている
エンパワメント **アプローチ** （ソロモン/リー）	・クライエントのもつ力（パワー）に着目し、その力を引き出し活用するアプローチ ・ソロモンは、パワーを引き出すプロセスを「エンパワメント」と称し、これを重視 ・クイエントとソーシャルワーカーの協働で対等な関係（パートナーシップ）と、パワーレスを生み出す構造（マクロレベル）への働きかけを重視 ・クライエントだけでなく取り巻く環境の強さも重要とする ・個人（ワーカー・クライエント関係の構築）、対人（教育）、組織（資源の確保）、社会（ソーシャルアクション）の４つの次元における力の獲得を目指す
解決志向 **アプローチ** （シェザー/バーグ）	・問題の因果関係や客観的事実ではなく、解決に向けた志向となる解決構築を重視 ・問題が解決した状態を短期間で実現することに焦点を当てる ・クライエントこそが「専門家」という姿勢（無知の姿勢）をとる ・クライエント自身のもつ解決イメージや解決のための資源を重視し、クライエントから教わる姿勢（ワン・ダウン・ポジション）を貫く
フェミニスト **アプローチ** （ドミネリ）	・社会的・文化的な性（ジェンダー）に着目し、女性ゆえに社会的な抑圧を受けている状況からの解放を目指す ・男性からの暴力、性的搾取、職業上の差別など、女性が受けているさまざまな問題を顕在化し、これらの根絶を目指し、社会変革を意図する
ナラティブ **アプローチ** （ホワイト/エプストン）	・目の前の現実は、言語による人との対話で共有するという認識論が基盤 ・客観性や実証主義を批判し、主観性や実存性を重視 ・ソーシャルワーカーは傾聴に徹し、無知の姿勢で臨む ・ドミナントストーリーから、オルタナティブストーリーをつくり、問題からの解放を目指す

スーパービジョン

□スーパービジョンの機能

支持的機能	課題を抱えているワーカーに対して受容と共感をもって支え、自己覚知を進めていくよう促す
教育的機能	スーパーバイザーがスーパーバイジーに専門職として必要な価値・知識・技術を伝えていく
管理的機能	スーパーバイジーが組織の一員として活躍し、組織の方針に沿って仕事ができるよう、職場環境を整えるなどの管理を行う

□スーパービジョンの種類

個人スーパービジョン	スーパーバイザーとスーパーバイジーの1対1で行われる
グループ・スーパービジョン	スーパーバイザー1対スーパーバイジー複数で行われる
ピア・スーパービジョン	仲間や同僚など、上下関係の発生しない関係性においてスーパービジョンを行う
ライブ・スーパービジョン	実際の面接などの場面において、スーパーバイザーが“いま、ここで”の状況でスーパーバイジーに指導や援助を行う
セルフ・スーパービジョン	スーパーバイジーが自分自身で行う

グループワークの援助過程

準備期	メンバーと予備的な接触を図り、活動の計画を立てる この時期に利用者の課題と援助内容を明確にしておく必要がある
開始期	実際にメンバーが集まり、活動をはじめる 活動の内容や約束事などを確認し、メンバー間の合意形成を促す
作業期	個人とグループの課題解決を図るために、グループ活動を展開していく ワーカーはメンバー個人やグループの変化、全体のバランスに配慮しながら側面的に支援する
終結期	メンバーとワーカーとが共に活動の評価を行い、全体のまとめを行う。また、グループ活動での成果を今後の生活に生かせるよう支援や資源をつなげる

記録の種類

フェイスシート	クライエントの基本情報となる氏名や年齢、住所、職業、家族構成などを項目ごとにまとめて記載したもの
プロセスシート	目標に対する援助過程を時系列に記述したもの
アセスメントシート	・課題やニーズを理解するために必要な情報と、専門職としての分析や判断を盛り込んだもの ・クライエントに対する総合的な理解のために用いられる
プランニングシート（支援計画書）	目標設定や具体的な援助内容などを記載した、支援計画を示すもの

主な記録の文体

要約体	事実やその解釈、見解の要点を整理して示すもの
会話体	会話の内容をそのまま示すもの
説明体	会話や援助内容などをソーシャルワーカーがその趣旨を解釈して示すもの
圧縮叙述体	ソーシャルワーカーとクライエントの相互作用（援助過程）について時間経過に沿いつつ、全体を圧縮して示すもの
過程叙述体	ソーシャルワーカーとクライエントの相互作用（援助過程）について時間経過に沿って、会話などを詳細に示すもの

ソーシャルアクションの特徴

概要	・地域が抱える問題の解決に向け、当事者や地域住民が自らを組織化し、必要に応じて専門家の助言や協力を得て、行政機関などに働きかけを行う組織活動のこと
ポイント	・欧米におけるソーシャルアクションの源流は、1930年前後に起きた世界恐慌であるとされている ・社会参加の促進や社会資源の創出などを目的としている ・コミュニティ・オーガニゼーションと密接に関わるソーシャルワークの方法である ・コミュニティ・オーガニゼーションの実践は、小地域開発、社会計画、ソーシャルアクションの3側面でとらえられている

一問一答 ＋穴埋めドリル！

1 システム理論

Q 001 □□
ベルタランフィは、有機体論の提唱者でもあり、システムを機械論としてではなく、有機体論的な立場からとらえ、「〔　　　　　　〕理論」を提唱した。

Q 002 □□
ゴールドシュタインは、戦略、〔　　　　　　〕、段階という3つの次元からなるユニタリー・アプローチを提唱した。

Q 003 □□
システム理論に基づくソーシャルワーク実践モデルは、ケースワーク、〔　　　　　〕ワーク、コミュニティワークの主要3方法を統合する視座を示した。

Q 004 □□
システム理論に基づくソーシャルワーク実践モデルでは、人と環境の〔　　〕作用という全体的視座で対象者をとらえている。

Q 005 □□
ソーシャルワーク実践における4つのサブシステムとは、クライエント・システム、チェンジ・エージェント・システム(ワーカー・システム)、ターゲット・システム、〔　　　〕・システムをいう。

Q 006 □□
変革努力の目標達成のためにソーシャルワーカーが影響を及ぼす必要のある人々を指すのは、〔　　　　　　〕・システムである。

Q 007 □□
システムが外界との関係に対応しながら、目的達成のために最適行動をとるように自己制御しようとする仕組みを、〔　　　　　　〕という。

A 001
一般システム

ベルタランフィは、システムを機械論としてではなく、有機体論的な立場からとらえた。なお、システムとは、個々の要素が有機的に組み合わされた集合体をいう。

A 002
ターゲット

ゴールドシュタインは、一般システム理論に基づき、戦略、ターゲット、段階という3つの次元からなるユニタリー・アプローチを提唱した。

A 003
グループ

システム理論は、システムの全体は様々な要素から成り立っているという考えであり、ケースワーク、グループワーク、コミュニティワークを統合する視座を示した。

A 004
交互

システム理論に基づく対象理解では、人にとって環境は調和と不調和の両方の要因になり得るため、個人と環境の状況を見極め、包括的に介入する。

A 005
アクション

ピンカスとミナハンにより提唱された、ソーシャルワーク実践において関心をもつべき4つのサブシステムは相互に影響し合っていると考える。

A 006
ターゲット

ターゲット・システムは、クライエントの問題解決のために変革あるいは影響を与える標的（ターゲット）となる人や組織などを指す。

A 007
サイバネティクス

サイバネティクスは、目的達成のために最適行動をとるように自己制御しようとする特徴がある。

Q 008 □□ 生物や鉱物などがシステムを維持しようとする働きを、〔　　　　　〕という。

2 援助モデル・アプローチ

Q 009 □□ 生活モデルは、人と環境の〔　　　　　〕に焦点を当て、人の生活を全体的視点から捉える。

Q 010 □□ エコロジカルアプローチでは、〔　　　〕という場や時間の流れが、人々の価値観やライフスタイルに影響すると捉える。

Q 011 □□ 解決志向アプローチでは、問題の〔　　　〕の追求よりも、クライエントのリソース（能力、強さ、可能性等）を活用することを重視する。

Q 012 □□ ナラティヴ・アプローチは、〔　　　　　〕主義の影響を受けて発展したアプローチである。

Q 013 □□ 〔　　　　　　　〕アプローチでは、女性にとっての差別や抑圧などの社会的な現実を顕在化させ、個人のエンパワメントと社会的抑圧の根絶を目指す。

Q 014 □□ クライエントのニーズを機関の機能との関係で明確化し、援助過程の中で、社会的機能を高めるための力の解放を焦点とするのは、〔　　　　〕アプローチである。

Q 015 □□ エンパワメントアプローチでは、クライエントの〔　　　〕状態を生み出す抑圧構造への批判的意識を醸成する。

A 008 ホメオスタシス

ホメオスタシスとは、恒常性ともいい、生物や鉱物などがシステムを維持しようとする働きをいう。

A 009 交互作用

生活モデルは、現在のソーシャルワーク理論や実践において、中核となるエコロジカルアプローチのモデルで、生態学やシステム理論を基盤としている。

A 010 空間

ジャーメインは、著書『エコロジカルソーシャルワーク』の中で、介入のタイミング（時間）や人間の空間的行動などについて考察し、それらが人々の価値観やライフスタイルに影響すると捉えた。

A 011 原因

解決志向アプローチでは、クライエント自身の描く具体的な解決イメージを尊重しながら問題解決を図るため、クライエントのリソースを活用することが重視される。

A 012 社会構成

ナラティブ・アプローチ（物語モデル）は、クライエントが語る「物語」に着目する。クライエントのドミナントストーリー（支配されている物語）を変容させることを目指し、オルタナティヴストーリー（代替の物語）を作り上げることで、人生を再構築するよう促す。

A 013 フェミニスト

フェミニストアプローチは、女性への差別、抑圧、暴力などを含む社会的な現実を顕在化させ、個人のエンパワメントと社会的抑圧の根絶の両側面を志向する振興アプローチである。

A 014 機能的

機能的アプローチは、診断主義アプローチへの批判として提唱され、ランクの意志心理学の影響を受けながら発展したもので、クライエントのもつ潜在的な可能性と社会的機能を高める力に焦点化する。

A 015 パワーレス

エンパワメントアプローチは、本人の持つ強さ（パワー）を見極め、協働関係や社会資源の動員を重視する。社会から疎外され、抑圧され、パワーレス状態にあるクライエントに目を向け、社会システムの抑圧構造に対する意識を高め、クライエントの権利擁護を行う。

Q016 □□
相談援助における危機介入アプローチは、感情的に混乱状態にあるクライエントに対し、その〔　　　　〕機能の回復に焦点を当てた対応を行う。

Q017 □□
行動変容アプローチは、スキナーの〔　　　　〕や、これを基盤とする行動療法の知見などをソーシャルワークに導入し、発展したものである。

Q018 □□
問題解決アプローチでは、クライエントが主体的に問題解決しようとする「過程」をケースワークと捉え、〔　　　　〕を重視する。

Q019 □□
ラップとゴスチャは、ストレングスモデルの原則のひとつとして、〔　　　〕を資源のオアシスとして捉えることを挙げている。

Q020 □□
ホリスは、心理社会的アプローチの介入技法として、①〔　　　〕支持、②直接的支持、③浄化法、④人と状況の全体的反省、⑤パターンの力動的反省、⑥発達的反省の６つを提唱した。

Q021 □□
タフトら機能主義学派は、ソーシャルワーカーが所属する機関の〔　　　〕に着目し、機関におけるソーシャルワーカーの役割を重視した。

Q022 □□
課題中心アプローチは、支援期間を〔　　　〕に設定し、処遇目標や面接の回数などを明確化する。

Q023 □□
実存主義アプローチでは、クライエントが自我に囚われた状態から抜け出すために、他者とのつながりを形成することで、自らの生きる意味を把握し、〔　　　〕からの解放を目指す。

A 016
社会的

危機介入アプローチは、感情的に混乱状態にあるクライエントの対処能力を強化し、社会的機能の回復に焦点を当てて対応するという特徴がある。

A 017
学習理論

行動変容アプローチは、学習理論のなかでも特に、オペラント条件づけや認知行動療法を基盤としている。

A 018
ワーカビリティ

問題解決アプローチでは、ワーカビリティ（クライエント自身のもつ問題解決を図ろうとする能力）を重視し、社会的役割を果たすうえで生じる問題や葛藤に対し、クライエント自身が対処できるよう援助する。

A 019
地域

ラップらは、「全ての人、そして環境にもストレングスがある」と述べ、地域を、それ自体が強みをもつ社会資源と捉えている。

A 020
持続的

ホリスは、心理社会的アプローチの中心概念として、クライエントと社会的側面、あるいは、個人と社会環境との全体的な関連性を捉える「状況の中の人」を提唱した。

A 021
機能

タフトは、援助に必要な要素として、①時間、②機関の機能、③ソーシャルワーカーの役割を挙げた。

A 022
短期

リードとエプスタインが提唱した課題中心アプローチは、クライエントが解決を望む問題を吟味し、計画的に取り組む短期支援である。

A 023
疎外

実存主義アプローチは、ハイデッガーやキルケゴールらによる実存主義思想による概念を用いて、クリルが提唱したアプローチである。

---

3 グループワーク

Q 024
□□
コノプカは、グループワークの〔　　〕の原則を示し、治療教育的グループワークの発展に貢献した。

Q 025
□□
グループの発達過程は、グループの誕生から終結に至る力動的関係の過程を示すものであり、グループワークの準備期、開始期、〔　　〕期、終結期という過程の中で形成、発達、成熟していくものである。

Q 026
□□
グループ活動への参加の可否は、メンバー本人の〔　　〕で決定する。

Q 027
□□
グループワークの準備期において、あらかじめメンバーの課題や気持ちを予測し、共感的な理解を準備しておくことを、〔　　〕という。

Q 028
□□
グループワークの準備期において、援助者が、自らの態度、言葉遣い、質問の形式等をメンバーの反応に合わせて修正していくことを、〔　　〕という。

Q 029
□□
グループの〔　　〕期では、援助者が主導でグループを促進する。

Q 030
□□
グループワークの〔　　〕期では、援助者とメンバーとで、これまでの活動を振り返る。

Q 031
□□
グループワークにおいて、メンバー個々の問題を解決する主体は、〔　　〕である。

A 024 14
コノプカは、グループワークの14の原則を示したほか、グループワークの治療教育的機能に着目したグループワークの定義を発表した。

A 025 作業
グループの発達過程とは、グループの誕生から終結に至る、力動的関係の過程を示すものである。

A 026 自由意志
グループ活動への参加の可否は、メンバー本人の自由意志で決定するものであり、活動途中に離脱することも認める必要がある。

A 027 予備的共感
予備的共感とは、援助者が事前情報からメンバーの立場に立ち、共感的な姿勢を準備することをいう。

A 028 波長合わせ
波長合わせとは、援助者が態度や言葉遣いなどをメンバーの反応に合わせて修正することをいう。

A 029 開始
グループの開始期は、援助者が主導でグループを促進し、メンバー間のつながりを支援し、援助関係を樹立する。緊張状態にあるグループに対しては、アイスブレイク（緊張状態を氷に例えて、それを壊すという意味）などを取り入れて、緊張を解きほぐす。

A 030 終結
グループワークの終結期では、援助者とメンバーとで活動を振り返り、メンバーがグループから自立し、次のステップに行けるように働きかけることが望ましい。

A 031 メンバー
メンバー個々の問題を解決する主体は、原則としてメンバーである。援助者は、側面的に支援を行うことを基本としている。

Q 032 □□ グループの凝集性が高まると、メンバーのグループへの〔　　〕意識は強くなる。

4 スーパービジョン

Q 033 □□ スーパービジョンの目的は、クライエントへの支援やサービスの質を向上させるための〔　　　〕育成である。

Q 034 □□ スーパービジョンの契約は、スーパービジョンの展開過程の〔　　〕段階で行われる。

Q 035 □□ 1人のスーパーバイザーと1人のスーパーバイジーの計2人のグループで行うスーパービジョンを、〔　　〕スーパービジョンという。

Q 036 □□ 1人のスーパーバイザーが複数のスーパーバイジーに対して行うスーパービジョンを、〔　　　　〕・スーパービジョンという。

Q 037 □□ スーパーバイザーを置かずにスーパーバイジーが集団で事例研究や課題検討などを行うスーパービジョンを、〔　　〕・スーパービジョンという。

Q 038 □□ 自分自身で行うスーパービジョンを、〔　　　〕・スーパービジョンという。

Q 039 □□ 実際の援助を目の前で展開することを通して行われるスーパービジョンを、〔　　　〕・スーパービジョンという。

A 032
所属

グループのメンバー同士の相互作用が促進されるにつれ、グループの凝集性が高まり、われわれ感情やグループ規範が形成される。

A 033
専門職

スーパービジョンの目的は、熟練した援助者(スーパーバイザー)が、経験が少なく未熟な援助者（スーパーバイジー）に対する支持的な関わりや教育・訓練などを行うことで、クライエントに対するより良い援助を提供することにある。

A 034
開始

スーパービジョンの契約は、スーパービジョンの開始段階で行われる。

A 035
個人

１人のスーパーバイザーと１人のスーパーバイジーの関係で行うスーパービジョンは、個人スーパービジョンである。

A 036
グループ

グループ・スーパービジョンは、１人のスーパーバイザーが複数のスーパーバイジーに対し、スーパーバイジー同士の相互作用に着目しながら行うものである。

A 037
ピア

ピア・スーパービジョンは、ピア（仲間）や同僚同士で実施するもので、スーパーバイザーが不在の場合など、代替的に行う。

A 038
セルフ

セルフ・スーパービジョンは、ワーカー（スーパーバイジー）が自分自身で行うもので、直面した困難な援助事例などについて、自らが客観的に振り返るときに行う。

A 039
ライブ

ライブ・スーパービジョンは、実際の面接場面にスーパーバイザーが同席して行うものである。

Q 040 □□ スーパーバイジーが適切に業務を行うよう目配りすることは、スーパービジョンの〔　　〕的機能である。

Q 041 □□ スーパーバイジーが実践するために必要な知識や技術を高める機能は、スーパービジョンの〔　　〕的機能である。

Q 042 □□ スーパーバイザーは、バーンアウトが懸念されるスーパーバイジーに対して、〔　　〕的機能を発揮しなければならない。

Q 043 □□ スーパーバイジーであるソーシャルワーカーとクライエントとの関係とよく似た状況が、スーパーバイザーとスーパーバイジーとの関係において起こることを、〔　　　　〕プロセスという。

5 記録の種類・文体

Q 044 □□ クライエントの基本的属性を項目ごとにまとめて記述したものを、〔　　　　〕シートという。

Q 045 □□ プランニングシートには、〔　　〕を設定し具体的な解決策を記述する。

Q 046 □□ ソーシャルワークの記録において、ソーシャルワーカーとクライエントの会話における発言をありのままに再現して記述する文体を〔　　〕体という。

Q 047 □□ 〔　　〕体とは、話し言葉の記録にソーシャルワーカーの説明や解釈を加えて記述する形式をいう。

A 040
管理

スーパービジョンの管理的機能は、職場や組織の業務に関する管理的な機能であり、人員配置や職場環境の整備、組織改革も含まれる。

A 041
教育

スーパービジョンの教育的機能は、実践に必要な知識や技術を教育し、専門職として成長させる機能である。「スーパーバイザーの援助場面に同席させる」「事例を一緒に振り返る」などにより、専門職としての成長を促す。

A 042
支持

スーパービジョンの支持的機能は、ストレスに対応するようスーパーバイジーの精神面を支える機能である。バーンアウトが懸念される場合のスーパービジョンでは、支持的機能を発揮することが求められる。

A 043
パラレル

支えられたように支えるなど、スーパーバイザーとスーパーバイジーの間にあった関係性が、ソーシャルワーカーとクライエントとの関係性にも反映されることを、パラレルプロセスという。

A 044
フェイス

フェイスシートは、クライエントの基本情報となる氏名や年齢、住所、職業、家族構成などの基本的属性を項目ごとにまとめて記述したものである。

A 045
目標

プランニングシート（支援計画書）は、目標設定や具体的な援助内容などを記載した、支援計画を示すものである。

A 046
逐語

逐語体は、ソーシャルワーカーとクライエントの会話における発言をありのままに再現して記述する文体をいう。

A 047
説明

話し言葉の記録にソーシャルワーカーの説明や解釈を加えて記述する形式を説明体という。項目記録の多くはこの形式をとる。

Q 048 □□ 説明体をさらに整理し、短文化し、事実やその解釈、見解の要点を整理して示す文体は〔　　〕体である。

Q 049 □□ クライエントに起こったことをそのまま記録するなど、起こった出来事をそのまま記録していく文体を、〔　　〕体という。

Q 050 □□ ソーシャルワーカーとクライエントの相互作用について時間経過に沿って詳細に示す文体は〔　　　　　〕である。

Q 051 □□ SOAP方式で記録する場合、〔　〕はソーシャルワーカーが行う今後の援助計画のことである。

Q 052 □□ SOAP記録は、問題と援助者の思考が明確になる〔　　〕型記録の１つである。

Q 053 □□ 〔　　　　　〕は、グループメンバー間のつながり、構造、関係のパターンを図式化するものである。

Q 054 □□ 〔　　　　　〕は、数世代にわたる血族・姻族関係、ライフイベントなどを図式化するものである。

A 048 要約

事実やその解釈、見解の要点を整理して示すものは、要約体である。

A 049 叙述

叙述体を用いて記録を作成する場合には、クライエントに起こったことをそのまま記録する。

A 050 過程叙述体

ソーシャルワーカーとクライエントの相互作用について時間経過に沿って詳細に示すものは、過程叙述体である。

A 051 P

SOAP方式のSOAPとは、主観的情報（Subjective）、客観的情報（Objective）、評価（Assessment）、計画（Plan）を意味する。Aは評価（Assessment）を指す。

A 052 問題志向

SOAP記録は、医療看護福祉分野で使用されている「問題志向型記録」で、問題と援助者の思考が明確になる。

A 053 ソシオグラム

グループメンバー間のつながり、構造、関係のパターンを図式化するものは、ソシオグラムである。

A 054 ジェノグラム

ジェノグラム（家族構成図、世代関係図）は、ボーエンが開発したマッピング技法のひとつであり、数世代にわたる血族・姻族関係、ライフイベントなどを図式化するものである。

12

社会福祉調査の基礎

ココ!確認  ポイント・チェック!

社会調査協会「倫理規程」(一部抜粋/編集)

- 社会調査は、常に科学的な手続きにのっとり、客観的に実施されなければならない
- 社会調査は、実施する国々の国内法規及び国際的諸法規を遵守して実施されなければならない
- 調査者は、故意、不注意にかかわらず社会調査に対する社会の信頼を損なうようないかなる行為もしてはならない
- 調査対象者の協力は、自由意志によるものでなければならない
- 調査者は、調査対象者から求められた場合、調査データの提供先と使用目的を知らせなければならない
- 調査者は、原則として、調査データが当該社会調査以外の目的には使用されないことを保証しなければならない
- 調査者は、調査対象者のプライバシーの保護を最大限尊重し、調査対象者との信頼関係の構築・維持に努めなければならない
- 調査者は、調査対象者をその性別・年齢・出自・人種・エスニシティ・障害の有無などによって差別的に取り扱ってはならない
- 調査対象者が満15歳以下である場合には、まず保護者もしくは学校長などの責任ある成人の承諾を得なければならない
- 調査者は、記録機材を用いる場合には、原則として調査対象者に調査の前または後に、調査の目的および記録機材を使用することを知らせなければならない
- 調査対象者から要請があった場合には、当該部分の記録を破棄または削除しなければならない
- 調査者は、調査記録を安全に管理しなければならない。とくに調査票原票・標本リスト・記録媒体は厳重に管理しなければならない

量的調査と質的調査

量的調査	対象者からアンケートなどでデータを集め、その結果を数値化していく統計調査 →事実関係を調べることに適している
質的調査	対象者に長時間のインタビューを行ったり、対象集団の活動を観察したりして、言葉や文章により記録をまとめていく事例調査 →動態的・立体的に対象を調べることに適している

主な代表値

平均値（算術平均、相加平均）	データ総数をデータ数で割る
最頻値（モード、流行値）	データの出現率が最大の値
中央値（メディアン、中位数）	データを大きさ順に並べた中央の値（偶数の場合は中央２つの平均値）

無作為（確率）抽出法

単純無作為抽出法	母集団のリストに番号をつけ、標本の数だけ乱数表やサイコロを用いて抽出
系統（等間隔）抽出法	母集団のリストに番号をつけ、最初を乱数表で決め、残りは等間隔に選ぶ
多段（二段）抽出法	抽出を複数段階繰り返す（例：１段目に市町村、２段目に市町村の中の個人）
層化抽出法	母集団への予備知識に基づいて層化し、各層ごとに抽出
層化多段抽出法	層化抽出を複数段階繰り返す。全国調査によく用いられる

自計式・他計式調査のメリット・デメリット

		回答の信頼性	回答の量・質	調査員の影響	回収率	コスト（人・金・時間）
自計式（自記式）	集合法	△（バイアス）	△	○（影響均一）	○	○
	留置法	×	△	○（チェック）	○	△
	郵送法	×	△	○（影響なし）	×	○
他計式（他記式）	訪問面接法	○	○	×（質に左右）	○	×
	電話法	×	×	×（質に左右）	△（拒否も）	○

尺度と有効な代表値

尺度		有効な代表値
名義尺度	区別 例）年齢、性別	**最頻値** （他は×）
順序尺度	区別＋順序 例）内閣支持率を測定する選択肢	**中央値** （最頻値も○）
間隔尺度	区別＋順序＋差の大きさ 例）温度	**平均値** （最頻値、中央値も○）
比例尺度	区別＋順序＋差の大きさ＋倍数関係 例）金額	**平均値** （最頻値、中央値も○）

測定の信頼性の検討方法

再検査法	同一被験者に期間をあけて同一検査を実施して相関を調べる
平行検査法	同一被験者に同じ内容の 2 つの検査を実施して相関を調べる
折半法	尺度を構成する質問項目を半分ずつに分けて検査を実施して相関を調べる
クロンバックのα係数	複数の調査項目間の内的整合性（内的一貫性）を調べる（**相関が高いほどα係数が高くなる**）

主な散布度（データのバラつき度合いを表す）

□中心からの偏差

平均偏差	**平均からの偏差の絶対値の平均**
分散	**平均からの偏差の 2 乗の平均**（標準偏差の 2 乗）
標準偏差	**分散の平方根**

□観測値相互間の偏差

範囲	観測値の最大値と最小値の差
四分位範囲	第 3 四分位（データを大きさの順に並べた上位25%）と第 1 四分位（下位25%）の差

参与観察における調査者の立場

「完全な参加者」	調査者であることを明かさずに調査対象の活動に完全にかかわる
「観察者としての参加者」	調査者としての役割を明らかにして比較的長期にわたって人間関係を維持する
「参加者としての観察者」	一度だけの訪問やインタビューを行う
「完全な観察者」	まったく対象者と接触をもたない

※参与観察は、厳密には「観察者としての参加者」であるが、実際の調査は、「完全な参加者の極と完全な観察者の極との間を揺れ動く」。

面接法

構造化面接（指示的面接）	事前に用意された質問項目によって進める
半構造化面接（半指示的面接）	ある程度質問項目を用意するが、面接の流れによって言葉や順序を変更させていく
非構造化面接（自由面接）	事前に質問項目を用意せず、面接の流れによって質問内容や話題を決める

グラウンデッド・セオリー・アプローチのプロセス

1　**データの収集**	観察や面接による情報収集
2　オープン・コーディング	収集したデータに見出しをつける
3　軸足（アクシャル）コーディング	データ間の関連性（因果関係など）を探り、カテゴリーを作成
4　選択的（セレクティブ）コーディング	カテゴリーの体系化（組織化）を進めて理論の生成を図る
5　**理論の完成**	理論がこれ以上生成できない状態（理論的飽和）に至る

※ 1 ～ 4 を繰り返しながら 5 に至る。

一問一答 ＋穴埋めドリル！

1 量的調査

Q 001 □□
〔　　〕誤差とは、標本調査における、母集団の数値と、母集団から抽出した調査結果との差をいう。

Q 002 □□
無作為抽出法は、母集団から調査対象者の選ばれる〔　　〕が等しくなるように、くじなどを用いて無作為に選んでいく方法である。

Q 003 □□
回答者の誤答や記入漏れ、調査者の入力や集計のミスなどで生じるものを〔　　　〕誤差という。

Q 004 □□
母集団に通し番号をつけ､最初の調査対象者を無作為に選び､その後一定間隔で抽出する方法を〔　　〕抽出法という。

Q 005 □□
母集団をいくつかのグループに分け、グループの大きさに応じて調査対象者を抽出する方法を〔　　〕抽出法という。

Q 006 □□
調査対象者から知人や友人を紹介してもらい、雪だるま式に対象者数を増やす方法を〔　　　　　　　〕法という。

Q 007 □□
個別面接調査は、〔　〕記式調査である。

Q 008 □□
インターネット調査は、インターネット上で調査対象者を公募する場合、〔　　　〕の偏りが生じるというデメリットがある。

A 001
標本

標本調査では、母集団の一部分を調査対象とするため、調査結果は母集団の値とは一致せず、何らかの差が生じる。

A 002
確率

無作為（確率）抽出法では、母集団の性質について統計的に推測することが可能となる。

A 003
非標本

非標本誤差とは、誤記入や誤回答といったミスなどが原因で生じるものをいう。

A 004
系統

系統抽出法では、抽出台帳に何らかの規則性がある場合、標本に偏りが生じる可能性がある。

A 005
層化

層化抽出法では、母集団の性質をグループ分けする知識が必要になる。

A 006
スノーボール

スノーボール法は、調査対象者から知人や友人を紹介してもらい、雪だるま式に対象者数を増やす方法で、有意（非確率）抽出法の一種である。

A 007
他

個別（訪問）面接調査は、調査者が調査対象者と面接を行い、口頭で質問し、質問への回答を他計式で記入する。調査員が回答を記入する他記式の方が、自記式よりも、社会的に望ましい内容に同調する回答の選択肢を選びがちになる。

A 008
代表性

インターネット上で調査対象者を公募するインターネット調査は、自記式であるため、調査コストを抑えることができるというメリットがあるが、回答者はネットユーザーに限定されるため、代表性の偏りが生じるというデメリットがある。

Q 009 □□ 調査者が調査対象者を訪問して調査票を配付し、一定期間後に回収する方法を〔　　〕調査という。

Q 010 □□ 出生時期を同じくする集団を調査対象にして、複数の時期に調査を行うことは、〔　〕断調査に含まれる。

Q 011 □□ 同じ対象者に、一定の期間にわたって複数回調査を行うパネル調査は、〔　〕断調査に含まれる。

Q 012 □□ パネル調査では、調査の回数を重ねるにつれてサンプル数が〔　　〕する。

Q 013 □□ 「喫煙や飲酒を毎日しますか？（はい／いいえ）」のような2つ以上のことを一度に聞く質問を〔　　〕バーレル質問という。

Q 014 □□ 前の質問の答えが次の質問の答えに影響することを〔　　〕オーバー効果という。

Q 015 □□ 選択肢法を用いる場合は、選択肢が意味する内容がほかの選択肢と〔　　〕しないように注意しなければならない。

Q 016 □□ クロス集計表において、セルの度数の〔　〕が全ての行で等しい場合、そのクロス集計表の2変数間には関連がない。

Q 017 □□ 比例尺度は、数値の〔　　〕が等しいだけでなく数値の比も意味をもつ。

A 009
留置

留置調査は、調査員が訪問して調査票を配布し、後日、再度訪問して直接回収するため、他の方法に比べて回収率が高いというメリットがあるが、調査対象本人が記入したかどうかわからないというデメリットもある。

A 010
縦

出生時期を同じくする、ある期間に生まれた集団（コーホート）に対して、一定期間ごとに同一内容の調査を繰り返し行う調査をコーホート調査といい、縦断調査に含まれる。

A 011
縦

同じ対象者に、一定の期間にわたって複数回調査を行うパネル調査は、縦断調査に含まれる。

A 012
減少

パネル調査とは、対象者を固定して複数回にわたって繰り返し調査する方法であり、調査の回数を重ねるにつれて、サンプル数が減少する「パネルの摩耗（または脱落）」が生じる。

A 013
ダブル

２つ以上のことを一度に聞くダブルバーレル質問は、回答に歪みが生じるので避けるようにする。「喫煙」と「飲酒」を分けて、２つの質問にするようにする。

A 014
キャリー

関連する質問はなるべく近くに配置するが、前の質問の答えが次の質問の答えに影響するキャリーオーバー効果に注意する必要がある。キャリーオーバー効果を避けるためには、別の質問を間にはさむ、類似の質問をするなどの質問配置上の工夫をする。

A 015
重複

選択肢法とは、選択肢のなかからあてはまるものを１つ（単数回答方式）、あるいは複数（複数回答方式）選ぶ回答方式である。通常は選択肢法を主とし、必要に応じて自由回答法を用いるようにする。

A 016
比

クロス集計表において、セルの度数の比が全ての行で等しい場合、そのクロス集計表の2変数間には関連がない。

A 017
間隔

比例尺度は、大小関係、差、比に意味がある尺度であり、数値の間隔が等しくなっている。

Q 018 □□

順位や震度などは、〔　　〕尺度に含まれる。

Q 019 □□

名義尺度、順序尺度、間隔尺度、比例尺度のうち、標準偏差を計算することに数量的な意味があるのは、間隔尺度と〔　　〕尺度である。

Q 020 □□

同じ調査を再度行ったときに、どのくらい類似した結果を得ているかを意味するのは、〔　　〕性である。

2 質的調査

Q 021 □□

〔　　　〕観察では、調査対象や観察方法を統制して観察する方法である。

Q 022 □□

観察法における「〔　　〕な観察者」は、観察に徹して、その場の活動には参加しない。

Q 023 □□

フィールドワーカーの調査者としての立場は、「完全な参加者」から「完全な〔　　〕者」まで 4 段階がある。

Q 024 □□

質的データを収集するインタビューや観察などと、量的データを収集する質問紙調査などを組み合わせて行う調査の手法のことを〔　　　　〕法という。

Q 025 □□

アクションリサーチとは、調査者と調査対象者が協力して現状を明らかにし、〔　　　　〕のために多様な調査や実践を行う方法である。

Q 026 □□

アクションリサーチにおいては、計画、実施、〔　　〕の発見の循環が、基本プロセスとして提唱されている。

A 018
順序

順序尺度は、順位や震度など、測定値の大小関係や優劣関係に意味をもつ。

A 019
比例

間隔尺度や比例尺度は、標準偏差を計算することに数量的な意味がある。一方、名義尺度や順序尺度は、標準偏差を計算することに数量的な意味をもたない。なお、比例尺度、間隔尺度、順序尺度、名義尺度の順番で尺度水準が高いとされる。

A 020
信頼

同じ調査を繰り返し行って同じような結果になるとき、その調査は信頼性があるという。信頼性を検討する方法には、再検査法、平行検査法、折半法、内部一貫法がある。

A 021
統制的

統制的観察は、調査対象や観察方法を統制して観察する方法である。一方、非統制的観察は、対象をあるがままに観察する方法である。

A 022
完全

観察法における調査者の立場には、4種類があるが、完全な観察者の場合には、観察に徹するため、活動に参加しない。

A 023
観察

フィールドワーカーの立場は「完全な参加者」「観察者としての参加者」「参加者としての観察者」「完全な観察者」に分類される。

A 024
ミックス

ミックス法は、混合研究法ともいい、質的研究と量的研究の方法、分析法、理論を意図的に組み合わせる手法である。

A 025
問題解決

アクションリサーチでは、観察だけでなく、面接を行ったり、質問紙調査のような量的調査を取り入れ、データを収集することがある。

A 026
事実

アクションリサーチは、レヴィンによって提唱された社会的実践を含む研究法で、計画、行動、事実の発見の循環を基本プロセスとしている。

Q 027
□□
調査者が事前に定めた質問項目の順序で進める面接は、〔　　　〕面接である。

Q 028
□□
〔　　　〕面接では、面接中に新たな質問項目を追加することがある。

Q 029
□□
グラウンデッド・セオリー・アプローチは、アメリカの社会学者であるグレイザーと〔　　　〕によって考案された。

Q 030
□□
グラウンデッド・セオリー・アプローチでは、分析を進めた結果としてこれ以上新しい概念やカテゴリーが出てこなくなった状態を、〔　　　〕と呼ぶ。

Q 031
□□
グラウンデッド・セオリー・アプローチの〔　　　〕コーディングは、単一のカテゴリーと複数のサブカテゴリーに関連づけていく方法である。

Q 032
□□
インタビュー記録やフィールドノーツを1行ずつ読み込みながら、思いつくままにコードを書き込んでいくことを〔　　　〕コーディングという。

Q 033
□□
〔　　　〕法は、川喜田二郎によって考案された調査法であり、理論や仮説の構築や生成に活用することができる。

Q 034
□□
1つの事象について、正確を期すために調査者、データ収集や分析方法などが異なったものを取り入れることを、〔　　　〕アンギュレーションという。

Q 035
□□
〔　　　〕は、調査対象者がどのように会話を成立させているかを解明するものであり、会話の形式や構造だけでなく、その内容などにも関心が向けられる。

A 027
構造化

構造化面接では、調査者が事前に定めた質問項目の順序に厳密に沿って進める。

A 028
半構造化

半構造化面接では、大まかな質問項目だけを決めておき、面接の流れによって、質問項目を加減したり順序を変えたりする。

A 029
ストラウス

グラウンデッド・セオリー・アプローチは、データの分類を行い、データ間の相互関係を考慮したうえで新たな理論の構築を目指していく方法で、看護や福祉の分野で伝統的に使われている。

A 030
理論的飽和

グラウンデッド・セオリー・アプローチは、データ収集とデータ分析を繰り返していく特徴があり、分析を進めた結果、これ以上新しい概念やカテゴリーが出なくなった状態を理論的飽和と呼ぶ。

A 031
軸足

グラウンデッド・セオリー・アプローチの軸足コーディングでは、オープンコーディングから得られた概念を、単一のカテゴリーと複数のサブカテゴリーに関連づけていく。

A 032
オープン・

インタビュー記録やフィールドノーツを1行ずつ読み込みながら、思いつくままにコードを書き込んでいくことは、オープン・コーディングである。

A 033
KJ

カード作りやグループ編成など、収集したデータの分類に役立つ方法であるKJ法は、新しい理論の構築や仮説を創造するための方法である。

A 034
トライ

トライアンギュレーションは、1つの調査をさまざまな角度からみることによって質的調査の向上を求めるものである。

A 035
会話分析

会話分析は、会話の形式や構造のほか、その内容、音声、イントネーション、身振り、表情などにも関心が向けられる。

13

高齢者福祉

ココ!確認  ポイント・チェック!

高齢者福祉の発展過程

1963（昭和38）年	老人福祉法の制定（福祉六法体制）
1982（昭和57）年	老人保健法の制定
1989（平成元）年	「高齢者保健福祉推進十か年戦略」（ゴールドプラン）の策定
1990（平成２）年	老人福祉法等社会福祉八法の改正
1994（平成６）年	「高齢者保健福祉推進十か年戦略の見直しについて」（新ゴールドプラン）の策定・「高齢者、身体障害者等が円滑に利用できる特定建築物の建築の促進に関する法律」（ハートビル法）の制定
1995（平成７）年	高齢社会対策基本法の制定（長寿社会対策大綱→高齢社会対策大綱）
1997（平成９）年	介護保険法の制定
2000（平成12）年	介護保険法の施行、成年後見制度の創設（民法改正）、社会福祉法の制定（社会福祉事業法の改正・改称）、「高齢者、身体障害者等の公共交通機関を利用した移動の円滑化の促進に関する法律」（交通バリアフリー法）の制定
2006（平成18）年	「高齢者、障害者等の移動等の円滑化の促進に関する法律」（バリアフリー法）、「高齢者虐待の防止、高齢者の養護者に対する支援等に関する法律」の制定、地域包括支援センターの創設等（介護保険法の改正）
2008（平成20）年	「高齢者の医療の確保に関する法律」の施行（老人保健法の改正・改称）
2011（平成23）年	介護予防・日常生活支援総合事業の創設等（介護保険法の改正）
2014（平成26）年	「地域における医療及び介護の総合的な確保を推進するための整備に関する法律」の制定
2018（平成30）年	介護医療院の創設等（介護保険法の改正）
2019（令和元）年	認知症施策推進大綱策定
2020（令和２）年	「地域共生社会の実現のための社会福祉法等の一部を改正する法律」の成立（介護保険法、老人福祉法等の改正）
2023（令和５）年	認知症基本法の制定

要介護認定の過程

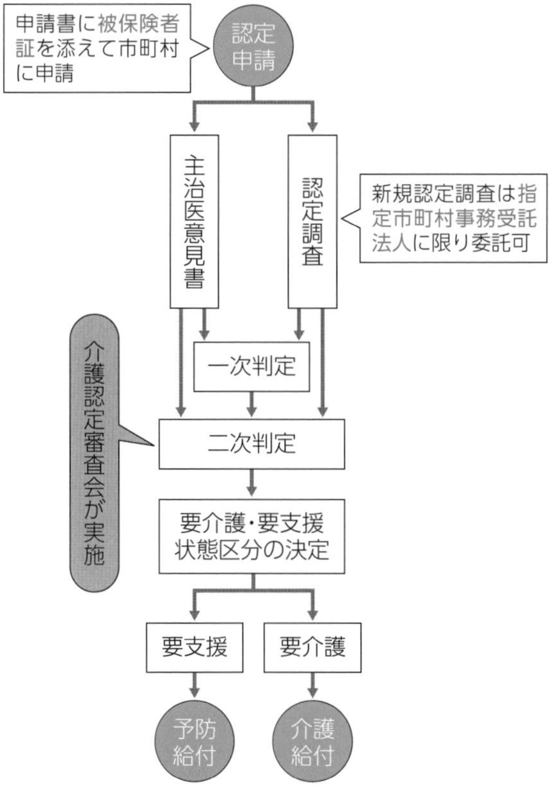

要介護認定の有効期間

申請区分	原則	設定可能期間
新規認定	6か月	3～12か月
区分変更認定	6か月	3～12か月
更新認定	12か月	3～36か月※

※更新認定の2次判定で前回と同じ結果が出た高齢者については、最長で48か月に設定可能。

令和５年の介護保険法改正の主な内容

新たな地域支援事業の創設	被保険者、介護事業者その他の関係者が当該被保険者に係る**介護情報等を共有・活用することを促進する事業**を地域支援事業として位置づけ（施行は公布後４年以内の政令で定める日）
看護小規模多機能型居宅介護の定義の見直し	看護小規模多機能型居宅介護を、複合型サービスの一類型として、法律上に明確に位置づけ。サービス内容について、サービス拠点での「通い」「泊まり」における看護サービスが含まれる旨を明確化
地域包括支援センターの業務の見直し	介護予防支援について、地域包括支援センターに加えて、居宅介護支援事業所も市町村からの指定を受けて実施できるようにする。総合相談支援業務について、居宅介護支援事業者等に委託することが可能に

地域支援事業の構成

- 総合事業
  - 介護予防・生活支援サービス事業（第１号事業）
    - ・第１号訪問事業
    - ・第１号通所事業
    - ・第１号生活支援事業
    - ・第１号介護予防支援事業
  - 一般介護予防事業
    - ・介護予防把握事業
    - ・介護予防普及啓発事業
    - ・地域介護予防活動支援事業
    - ・一般介護予防事業評価事業
    - ・地域リハビリテーション活動支援事業
- 必須事業（**包括的支援事業**）
  - ・総合相談支援事業
  - ・権利擁護事業
  - ・包括的・継続的ケアマネジメント支援事業
  - ・認知症総合支援事業
  - ・在宅医療・介護連携推進事業
  - ・生活支援体制整備事業
  - ・介護情報の収集・提供等に係る事業

※地域ケア会議推進事業は、法律上は包括的支援事業の位置づけではないが、「地域支援事業実施要綱」においては、包括的支援事業として事業を実施するとされている

- 任意事業
  - ・介護給付等費用適正化事業
  - ・家族介護支援事業
  - ・その他の事業

地域ケア会議の５つの機能

❶個別課題解決機能	❷ネットワーク構築機能
❸地域課題発見機能	❹地域づくり・資源開発機能
❺政策形成機能	

介護保険の福祉用具

福祉用具貸与	❶車いす、❷車いす付属品、❸特殊寝台、❹特殊寝台付属品、❺床ずれ防止用具、❻体位変換器、❼手すり、❽スロープ、❾歩行器、❿歩行補助つえ、⓫認知症老人徘徊感知機器、⓬移動用リフト、⓭自動排泄処理装置
特定福祉用具販売	❶腰掛便座、❷自動排泄処理装置の交換可能部品、❸排泄予測支援機器、❹入浴補助用具、❺簡易浴槽、❻移動用リフトのつり具部分

住宅改修の支給対象

❶手すりの取付け	❷段差の解消
❸滑りの防止及び移動の円滑化などのための床または通路面の材料の変更	
❹引き戸などへの扉の取替え	❺洋式便器などへの便器の取替え
❻その他前各号の住宅改修に付帯して必要となる住宅改修	

主な認知症ケア・認知症対策の種類とその特徴

認知症カフェ	認知症の人、その家族、地域住民、専門職などが参加し、集う場
認知症疾患医療センター	都道府県や政令指定都市が指定する病院に設置され、認知症の鑑別診断や医療機関等の紹介などを行う機関
認知症初期集中支援チーム	専門医、保健師、看護師、社会福祉士などの医療・保健・福祉の専門職で構成され、認知症の疑いがある者、認知症がある者、家族介護者を対象にアセスメントや家族支援などの包括的かつ集中的な初期支援を行う
認知症地域支援推進員	認知症の人や家族への相談支援、サービスのコーディネート、連絡調整などを行う。保健師や看護師、作業療法士、介護福祉士などが担い、認知症初期集中支援チームとの連携を図る
SOSネットワーク	認知症の人が行方不明になったときに警察と介護事業者や地域の関係団体が協力して認知症の人を捜索するしくみ

一問一答 ＋穴埋めドリル！

1 高齢者の生活実態

Q 001
□□
「令和５年版高齢社会白書」によると、高齢化率の「倍加年数」をアジア諸国で比較すると、韓国は日本よりも〔　　　〕年数となっている。

Q 002
□□
「令和５年版高齢社会白書」において、高齢者の就業状況をみると、70～74歳の男性の就業者の割合は〔　〕割を超えている。

Q 003
□□
「令和５年版高齢社会白書」によると、経済的な暮らし向きについて、「家計にゆとりがあり、まったく心配なく暮らしている」と感じている人は〔　〕割強となっている。

Q 004
□□
「令和５年版高齢社会白書」によると、介護保険制度における要介護または要支援の認定を受けた人は、第１号被保険者全体の約〔　〕割となっている。

Q 005
□□
「2022年国民生活基礎調査」によると、65歳以上の者の家族形態をみると、「〔　　　　　　〕世帯」が最も多い。

Q 006
□□
「2022年国民生活基礎調査」によると、65歳以上の者のいる世帯は全世帯の約〔　〕割となっている。

Q 007
□□
「2022年国民生活基礎調査」によると、高齢者世帯の１世帯当たり平均所得金額は、全世帯の１世帯当たり平均所得金額の約〔　〕割となっている。

A 001
短い

高齢化率が７％を超えてから14％に達するまでの倍加年数は、日本は24年で、韓国は18年となっている。

A 002
4

「令和５年版高齢社会白書」において、高齢者の就業状況をみると、男性の就業者の割合は、70～74歳では41.8％となっている。

A 003
1

「令和５年版高齢社会白書」によると、経済的な暮らし向きについて「家計にゆとりがあり、まったく心配がない」と感じている人の割合は12.0％となっている。「家計にあまりゆとりはないが、それほど心配なく暮らしている」人が56.5％で、これをあわせると、全体で68.5％の人が経済的な暮らし向きについて「心配ない」と感じている。

A 004
2

「令和５年版高齢社会白書」によると、介護保険制度における要介護または要支援の認定を受けた人は、2020（令和２）年度で第１号被保険者の約２割（18.7％）である。

A 005
夫婦のみの

「2022年国民生活基礎調査」によると、65歳以上の者の家族形態で最も多いのは、「夫婦のみの世帯」（夫婦の両方または一方が65歳以上）の者が65歳以上の者の40.7％で最も多く、次いで「子と同居」の者が33.7％、「単独世帯」の者が21.7％となっている。

A 006
4

「2022年国民生活基礎調査」によると、65歳以上の者のいる世帯は約2747万世帯で、全世帯の50.6％を占めている。

A 007
6

「2022年国民生活基礎調査」によると、全世帯の１世帯当たり平均所得金額は約545万７千円であるのに対し、高齢者世帯の１世帯当たり平均所得金額は318万３千円と58.3％の額となっている。

2 老人福祉法

Q 008 □□ 老人福祉法制定時（1963〈昭和38〉年）には、〔　　　　〕は経済的理由により居宅において養護を受けることが困難な老人を収容するものとされていた。

Q 009 □□ 65歳以上の者に対する〔　　　　〕事業は、1963（昭和38）年の老人福祉法の制定時に法定化された。

Q 010 □□ 1989（平成元）年に策定された高齢者保健福祉推進〔　　　　〕戦略を円滑に実施するため、1990年（平成２年）に老人福祉計画の法定化を含む老人福祉法の改正が行われた。

Q 011 □□ 〔　　　　〕派遣制度は、1963（昭和38）年の老人福祉法の制定時に法定化された。

Q 012 □□ 老人医療費支給制度は、〔　　　　〕年の老人福祉法の改正時に法定化された。

Q 013 □□ 市町村に市町村老人福祉計画の作成を義務づけたのは、〔　　　　〕年の老人福祉法の改正時である。

Q 014 □□ 養護老人ホームへの入所措置の対象は、〔　　〕歳以上の者であって、環境上の理由及び経済的理由により居宅において養護を受けることが困難な者である。

Q 015 □□ 無料または低額な料金で、老人を入所させ、食事の提供その他日常生活上必要な便宜を供与することを目的とする施設を、〔　　　　〕という。

A 008
養護老人ホーム

経済的理由により居宅において養護を受けることが困難な老人を収容するものとされていたのは、養護老人ホームである。

A 009
健康診査

65歳以上の者に対する健康診査事業は、1963（昭和38）年の老人福祉法の制定の際に、措置として規定された。

A 010
十か年

1990（平成２）年の老人福祉法改正では、老人福祉計画（当時は老人保健福祉計画）の策定が義務づけられるなどの見直しが図られた。

A 011
老人家庭奉仕員

老人家庭奉仕員派遣制度（現在のホームヘルパー）は、1963（昭和38）年の老人福祉法の制定に伴い法定化された。

A 012
1973（昭和48）

70歳以上の医療費を無料にする老人医療費支給制度は、1973（昭和48）年の老人福祉法の改正時に法定化された。

A 013
1997（平成９）

1997（平成９）年の介護保険法の制定に伴い、同年、老人福祉法が改正され、市町村に市町村老人福祉計画の作成が義務づけられた。

A 014
65

養護老人ホームへの入所要件の環境上の理由とは、健康状態、家族や住居の状況などから在宅で生活することが困難な者であると認められること。経済的理由とは、①生活保護を受けていること、②前年度の所得による市町村民税の所得割の額がないこと、③災害その他の事情によって世帯の生活の状態が困窮していることのいずれかである。

A 015
軽費老人ホーム

無料または低額な料金で、老人を入所させ、食事の提供その他日常生活上必要な便宜を供与することを目的とする施設は、軽費老人ホームである。

Q 016 □□ 有料老人ホームの設置者は、有料老人ホーム情報を、その所在地の〔　　　　　　　〕に対して報告しなければならない。

3 介護保険制度

Q 017 □□ 介護保険の保険者は、市町村及び〔　　　　〕である。

Q 018 □□ 介護保険の第2号被保険者とは、市町村区域内に住所を有する40歳以上65歳未満の〔　　　　　　　　〕をいう。

Q 019 □□ 第1号被保険者の保険料は、政令で定める基準に従い〔　　〕が条例で定める。

Q 020 □□ 第1号保険料は、原則として〔　　〕段階の定額保険料となっている。

Q 021 □□ 第1号保険料が特別徴収となるのは、公的年金の受給額が年額〔　　〕万円以上の第一号被保険者である。

Q 022 □□ 第2号被保険者の保険料は、〔　　　　　　〕が徴収する。

Q 023 □□ 要介護認定の審査及び判定に関する基準を定めるのは、〔　　　　　〕である。

A016 都道府県知事

有料老人ホームの設置者は、介護の内容や運営状況などの有料老人ホーム情報を、その所在地の都道府県知事に対して報告しなければならない。

A017 特別区

介護保険の保険者は市町村及び特別区（東京23区）である。小規模な市町村では、事務負担の効率化や経営の安定化のため、広域連合や一部事務組合などの特別地方公共団体である広域自治体が代わりに保険者となることができる。

A018 医療保険加入者

介護保険の第１号被保険者とは、市町村区域内に住所を有する65歳以上の者をいう。一方、介護保険の第２号被保険者は、市町村区域内に住所を有する40歳以上65歳未満の医療保険加入者をいう。

A019 市町村

第１号被保険者の保険料（第１号保険料）については、政令で定める基準に従い、各市町村が条例で定める保険料率に基づいて算定され、第一号被保険者に賦課される。

A020 13

第１号保険料は、被保険者の前年の所得に応じて、原則として13段階の保険料率が定められている（2024〈令和６〉年度より）。市町村が条例に定め、所得段階をさらに細分化したり、保険料率を変更したりすることも可能である。

A021 18

第１号保険料は、年金から天引きされる特別徴収が原則である。対象となるのは、公的年金の受給額が年額18万円以上の老齢・退職年金、遺族年金、障害年金の受給者である。低年金者、無年金者は、市町村が直接徴収する普通徴収となる。

A022 医療保険者

第１号保険料は、特別徴収や普通徴収の方法で市町村が徴収し、第２号被保険者の保険料（第２号保険料）は、医療保険者が医療保険料と合わせて徴収する。

A023 厚生労働大臣

国（厚生労働大臣）は、介護保険制度の基本的な枠組みを設定する。具体的には、法令の制定や、要介護認定・要支援認定の基準づくり、介護報酬や区分支給限度基準額の設定、第２号被保険者負担率の設定などを行う。

Q 024
□□
財政安定化基金の設置・運営は、〔　　　　〕の義務である。

Q 025
□□
介護認定審査会の委員は、〔　　　　〕が任命する。

Q 026
□□
介護認定審査会は、要介護状態の軽減のために必要な〔　　〕について意見を付すことができる

Q 027
□□
指定居宅サービス事業者は、〔　〕年ごとに指定の更新を受けなければならない。

Q 028
□□
指定居宅介護支援の人員・運営に関する基準は、市町村の〔　〕に委任されている。

Q 029
□□
介護保険制度の指定訪問介護事業所の訪問介護員として従事するには、①〔　　　　　〕、②実務者研修または初任者研修課程修了者のいずれかである必要がある。

Q 030
□□
腰掛便座は、介護保険法に定める〔　　　　　　　　〕の種目に含まれる。

Q 031
□□
自動排泄処理装置は、介護保険法に定める〔　　　　　　〕の種目に含まれる。

Q 032
□□
特定施設入居者生活介護事業者は、身体的拘束等の適正化のための対策を検討する委員会を〔　〕月に1回以上開催する。

Q 033
□□
指定介護老人福祉施設は、老人福祉法に規定する定員〔　〕名以上の特別養護老人ホームのうち、都道府県知事の指定を受けた施設である。

A 024
都道府県

都道府県は、介護保険の財政の安定化に資する事業に必要な費用にあてるため、財政安定化基金を設置する。都道府県は、市町村の財政支援に関する事務を行う。

A 025
市町村長

介護認定審査会の委員は、要介護者等の保健、医療または福祉に関する学識経験を有する者のうちから市町村長が任命する。

A 026
療養

介護認定審査会は、被保険者の要介護状態の軽減または悪化の防止のために必要な療養に関する事項などの意見を市町村に述べることができる。

A 027
6

指定居宅サービス事業者は、指定を受けた都道府県知事から6年ごとに指定の更新を受けなければならない。

A 028
条例

指定居宅介護支援の人員・運営に関する基準は、従来は都道府県の条例に委任されていたが、2018（平成30）年4月からは市町村の条例に委任されている。

A 029
介護福祉士

訪問介護員として従事するには、①介護福祉士、②実務者研修または初任者研修課程修了者のいずれかである必要がある。なお、生活援助を行う訪問介護員等は、生活援助従事者研修課程の修了者でも可能となっている。

A 030
特定福祉用具販売

腰掛便座は、介護保険法に定める特定福祉用具販売の種目である。

A 031
福祉用具貸与

自動排泄処理装置は、介護保険法に定める福祉用具貸与の種目に含まれる。ただし、自動排泄処理装置の交換可能部品は、特定福祉用具販売の種目に含まれる。

A 032
3

特定施設入居者生活介護事業者は、身体的拘束等の適正化のための対策を検討する委員会を3月に1回以上開催するとともに、その結果について、介護職員その他の従業者に周知徹底を図る。

A 033
30

指定介護老人福祉施設の指定は、指定居宅サービス事業者や指定介護予防サービス事業者と同様、都道府県知事が行うものである。

Q 034 □□ 介護医療院を開設する場合には、都道府県知事の〔　　〕を受けていなければならない。

4 地域支援事業と地域包括支援センター

Q 035 □□ 地域支援事業は、介護予防・日常生活支援総合事業と〔　　　　　〕、任意事業から構成される。

Q 036 □□ 介護予防・日常生活支援総合事業は、介護予防・生活支援サービス事業と〔　　　　　　〕事業から構成される。

Q 037 □□ 介護予防・生活支援サービス事業は、要支援者と〔　　　　　〕該当者を対象とする事業である。

Q 038 □□ 地域支援事業は、介護保険の運営の状況や〔　　〕歳以上の被保険者数を勘案して政令で定める額の範囲内で行うものとしている。

Q 039 □□ 〔　　　　〕業務では、日常生活自立支援事業や成年後見制度といった権利擁護を目的とするサービスや制度を利用するための支援などが行われる。

Q 040 □□ 在宅医療・介護連携推進事業では、高齢者などが医療機関を退院する際、必要に応じ、医療関係者と介護関係者の連携の調整や相互の〔　　〕などが行われる。

Q 041 □□ 2014（平成26）年の介護保険法の改正により、地域支援事業の推進が図られ、市町村に〔　　　　〕コーディネーター（地域支え合い推進員）が配置されることとなった。

A 034 許可

介護医療院を開設する場合には、都道府県知事の許可を受けていなければならない。

A 035 包括的支援事業

地域支援事業は、必須事業の介護予防・日常生活支援総合事業（総合事業）と包括的支援事業、任意事業から構成される。

A 036 一般介護予防

介護予防・日常生活支援総合事業は、介護予防・生活支援サービス事業（第１号事業）と一般介護予防事業で構成される。

A 037 基本チェックリスト

介護予防・生活支援サービス事業は、要支援者と基本チェックリスト該当者を対象とする事業である。なお、市町村の補助により実施されるサービスについては、それらのサービスを要支援者等のときから利用してきて要介護認定を受けた人（継続利用居宅要介護被保険者）も対象となる。

A 038 75

地域支援事業は、市町村における介護予防に関する事業の実施状況、介護保険の運営の状況、75歳以上の被保険者数などを勘案して政令で定める額の範囲内で行うものとしている。

A 039 権利擁護

日常生活自立支援事業や成年後見制度といった権利擁護を目的とするサービスや制度を利用するための支援などが行われるのは、権利擁護業務である。

A 040 紹介

在宅医療・介護連携推進事業は、医療の専門職が、介護サービス事業者、在宅医療を提供する医療機関などとの連携を推進することを目的に、医療関係者と介護関係者の連携の調整や相互の紹介などを行う。

A 041 生活支援

2014（平成26）年の介護保険制度改正時に、地域支援事業の包括的支援事業の１つとして生活支援体制整備事業が設けられ、生活支援コーディネーター（地域支え合い推進員）が配置されることになった。

Q 042 □□ 一般介護予防事業には、介護予防把握事業や地域〔　　　　　〕活動支援事業などがある。

Q 043 □□ 介護給付等費用適正化事業は、地域支援事業の〔　　〕事業に位置づけられている。

Q 044 □□ 地域支援事業の実施にあたっては、高齢者保健事業などと〔　　　〕に実施するよう努める。

Q 045 □□ 認知症総合支援事業は、保健医療や福祉の専門家による認知症の〔　　〕における症状の悪化の防止のための支援などを総合的に行う事業である。

Q 046 □□ 地域包括支援センターの設置者は、包括的支援事業に関して、〔　　　〕が条例で定める基準を遵守しなければならない。

Q 047 □□ 地域包括支援センターには、〔　　〕師、社会福祉士、主任介護支援専門員を配置しなければならない。

Q 048 □□ 市町村は、定期的に地域包括支援センターにおける事業の実施状況についての〔　　〕を行う。

Q 049 □□ 通所型サービス（第１号通所事業）では、保健・医療専門職による〔　　　〕で行われるサービスが実施可能となっている。

Q 050 □□ 地域ケア会議の機能には、個別課題の解決、地域包括支援ネットワークの構築、〔　　　　〕の発見、地域づくり・資源開発、政策の形成がある。

A 042
リハビリテーション

一般介護予防事業は、介護予防把握事業、介護予防普及啓発事業、地域介護予防活動支援事業、一般介護予防事業評価事業、地域リハビリテーション活動支援事業で構成される。

A 043
任意

地域支援事業の任意事業には、介護給付等費用適正化事業や家族介護支援事業がある。

A 044
一体的

地域支援事業の実施にあたっては、高齢者保健事業や国民健康保険保健事業と一体的に実施するよう努めることとしている。

A 045
早期

認知症総合支援事業は、保健医療および福祉に関する専門的知識をもつ者による認知症の早期における症状の悪化の防止のための支援その他の総合的な支援を行う事業である。

A 046
市町村

地域包括支援センターの設置者は、包括的支援事業に関して、市町村が条例で定める基準を遵守しなければならない。

A 047
保健

地域包括支援センターには、保健師、社会福祉士、主任介護支援専門員を配置しなければならない。

A 048
評価

市町村は、定期的に地域包括支援センターにおける事業の実施状況についての評価を行う。さらに、必要があると認める場合は、包括的支援事業の実施に係る方針の変更などの必要な措置を講じなければならない。

A 049
短期間

介護予防・生活支援サービス事業のうち、記述のとおりです。通所型サービス（第一号通所事業）では、専門職による運動器の機能向上や栄養改善等のプログラムなどの短期集中予防を実施できる。

A 050
地域課題

地域ケア会議は、包括的支援事業の包括的・継続的ケアマネジメント支援事業の効果的な実施のために、介護支援専門員、保健医療・福祉の専門家、民生委員その他の関係者などにより構成される会議である。

---

5 高齢者虐待防止法

Q 051
□□
高齢者虐待防止法では、「高齢者」を〔　　〕歳以上の者と定義している。

Q 052
□□
高齢者虐待防止法における高齢者虐待の種類は、養護者による高齢者虐待と、〔　　　　　　〕従事者等による高齢者虐待の2種類である。

Q 053
□□
高齢者虐待防止法においては、老人福祉法及び介護保険法に規定される養介護施設・養介護事業を利用する65歳未満の〔　　　〕も高齢者とみなされる。

Q 054
□□
〔　　　〕は、養護者の負担の軽減を図るため緊急の必要がある場合に高齢者が短期間養護を受けるために必要となる居室を確保するための措置を講じなければならない。

Q 055
□□
市町村が養護者による虐待を受けた高齢者の居所等への立入調査を行う場合、所轄の〔　　　　　〕に援助を求めることができる

Q 056
□□
養介護施設従事者等による高齢者虐待の状況、養介護施設従事者等による高齢者虐待があった場合にとった措置などを毎年度公表するのは、〔　　　　　　　〕である。

Q 057
□□
本人の希望する金銭の使用を理由なく制限することは、〔　　〕的虐待に該当する。

Q 058
□□
高齢者の意欲や自立心を低下させる行為は、〔　　〕的虐待に該当する。

A 051
65

高齢者虐待防止法では、「高齢者」を65歳以上の者と定義している。

A 052
養介護施設

養介護施設従事者等とは、養介護施設（老人福祉法による老人福祉施設・有料老人ホーム、介護保険法による介護老人福祉施設・介護老人保健施設・介護医療院・地域密着型介護老人福祉施設・地域包括支援センター）または養介護事業（老人福祉法による老人居宅生活支援事業、介護保険法による居宅サービス事業・地域密着型サービス事業・居宅介護支援事業・介護予防サービス事業・地域密着型介護予防サービス事業・介護予防支援事業）の業務に従事する者のことである。

A 053
障害者

2011（平成23）年の障害者虐待防止法の制定に伴い、高齢者虐待防止法の一部が改正され、2012（平成24）年10月１日より、老人福祉法及び介護保険法に規定される養介護施設・養介護事業を利用する65歳未満の障害者も高齢者とみなされることになった。

A 054
市町村

市町村は、養護者の負担軽減のため、養護者に対する相談、指導、助言を行うほか、緊急の場合には、高齢者が短期間養護を受けるために必要となる居室を確保するための措置も講じる。

A 055
警察署長

高齢者虐待の通報・届出を受けた市町村は、高齢者の生命または身体に重大な危険が生じている場合は立入調査ができる。立入調査にあたっては、所轄の警察署長に援助を求めることができる。

A 056
都道府県知事

都道府県知事は、毎年度、養介護施設従事者等による高齢者虐待の状況、また高齢者虐待があった場合にとった措置などを公表する。

A 057
経済

本人の財産を不当に処分することや、本人の希望する金銭の使用を理由なく制限することなどは、経済的虐待に該当する。

A 058
心理

高齢者に著しい心理的外傷を与える言動や高齢者の意欲や自立心を低下させる行為などは、心理的虐待に該当する。

14

児童・家庭福祉

ココ!確認 ポイント・チェック!

児童福祉関連法における児童等の定義

児童福祉法	児童	18歳に満たない者
	乳児	満1歳に満たない者
	幼児	満1歳から小学校就学の始期に達するまでの者
	少年	小学校就学の始期から、満18歳に達するまでの者
	保護者	親権を行う者、未成年後見人その他の者で、児童を現に監護する者
児童虐待の防止等に関する法律（児童虐待防止法）	児童	18歳に満たない者
児童買春・児童ポルノ禁止法	児童	18歳に満たない者
出会い系サイト規制法	児童	18歳に満たない者
児童手当法	児童	18歳に達する日以降の最初の3月31日までの間にある者
児童扶養手当法	児童	18歳に達する日以降の最初の3月31日までの間にある者
		20歳未満で政令で定める程度の障害の状態にある者
特別児童扶養手当法	障害児	20歳未満であって、障害の状態にある者
母子及び父子並びに寡婦福祉法	児童	20歳に満たない者
母子保健法	乳児	1歳に満たない者
	幼児	満1歳から小学校就学の始期に達するまでの者
	新生児	出生後28日を経過しない乳児
	未熟児	身体の発育が未熟なまま出生した乳児であって、正常時が出生時に有する諸機能を得るに至るまでの者

	妊産婦	妊娠中又は出産後1年以内の女子
こども基本法	こども	心身の発達の過程にある者
子ども・子育て支援法	子ども	18歳に達する日以後の最初の3月31日までの間にある者
学校教育法	学齢児童	満6歳に達した日の翌日以後における最初の学年の初めから、満12歳に達した日の属する学年の終わりまでの者
	学齢生徒	小学校又は特別支援学校の小学部の課程を終了した日の翌日後における最初の学年の初めから、満15歳に達した日の属する学年の終わりまでの者
少年法	少年	20歳に満たない者
労働基準法	児童	満15歳に達した日以後の最初の3月31日が終了するまでの者
	年少者	満18歳に満たない者
児童の権利に関する条約	児童	18歳未満のすべての者

児童扶養手当

目的	父母の離婚などで、父または母と生計を同じくしていない児童が育成される家庭（ひとり親家庭等）の生活の安定と、自立の促進に寄与し、児童の福祉の増進を図ること
支給対象	父母が婚姻を解消した児童、父または母が死亡した児童、父または母の生死が明らかでない児童、婚姻しないで生まれた児童などを監護している父または母、もしくは養育者

※支給額については、所得に応じて限度額が定められており、所得によって全部支給か一部支給になる。第2子以降は加算額がある。なお、奇数月に年6回、各2か月分を受け取る。

特別児童扶養手当

目的	精神または身体に障害を有する児童について手当を支給することにより、これらの児童の福祉の増進を図ること
支給対象	20歳未満で精神または身体に障害を有する児童を家庭で監護、養育している父母等

里親委託を推進する専門職

2011（平成23）年３月に通知された『里親委託ガイドライン』において「里親委託優先の原則」が打ち出されて以降、家庭的養護や里親委託が推進されている。

専門職名称		役割
家庭支援専門相談員（ファミリーソーシャルワーカー）		入所児童の保護者等に対して、児童の早期家庭復帰、里親委託等を可能にするための相談援助・早期退所の促進及び親子関係の再構築等を行う
	配置施設	児童養護施設、乳児院、児童心理治療施設、児童自立支援施設
	資格要件	社会福祉士、精神保健福祉士、上記施設において５年以上の指導経験、児童福祉司の資格要件に該当する者
里親支援専門相談員（里親支援ソーシャルワーカー）		入所児童の里親委託の推進、退所児童のアフターケアとしての里親支援をし、地域の里親及びファミリーホームの支援拠点として機能
	配置施設	児童養護施設、乳児院
	資格要件	社会福祉士、精神保健福祉士、児童養護施設等において５年以上の指導経験、児童福祉司の資格要件に該当する者、里親制度への理解のある者

里親の種類と対象児童

里親の種類		対象児童
養育里親		要保護児童
	専門里親	要保護児童であって被虐待児、非行、障害児である児童
養子縁組里親		要保護児童
親族里親		扶養義務者及びその配偶者である親族があって、両親などが死亡、行方不明、拘禁、疾病による入院等により養育できない要保護児童

特別養子縁組の特徴

親子関係	法律上は子どもと実親の間の親子関係がなくなり、養親と新たな親子関係を結ぶ
対象年齢	原則15歳未満。例外として18歳未満まで可
特徴	・養子となる者が15歳に達している場合においては、特別養子縁組の成立には、その者の同意がなければならない ・養親だけでなく、児童相談所の所長による申し立ても認められている

小規模住居型児童養育事業（ファミリーホーム）の特徴

目的	養育者の家庭に児童を迎え入れて養育を行う家庭養護の一環として、要保護児童に対し、ファミリーホームにおいて児童間の相互作用を活かしつつ、児童の自主性を尊重し、基本的な生活習慣を確立するとともに、豊かな人間性と社会性を養い、児童の自立を支援すること
対象児童	要保護児童のうち、家庭的な養育環境の下で児童間の相互作用を活かしつつ養育を行うことが必要とされたものであって、児童福祉法上の措置を受けた者
対象人員	委託児童の定員は5人または6人とする ※同時に養育する委託児童の人数は、災害その他のやむを得ない事情がある場合を除き、委託児童の定員を超えることができない
設備	ファミリーホームには、委託児童、養育者及びその家族が、健康で安全な日常生活を営む上で必要な設備を設けなければならない
職員	2人の養育者及び1人以上の補助者を置かなければならない。この2人の養育者は夫婦であるものとする

母子健康包括支援センターの主な業務

・母性並びに乳児や幼児の健康の保持と増進の支援に必要な実情の把握
・母子保健に関する各種の相談に応ずるとともに、必要に応じ支援プランを策定
・母性並びに乳児や幼児に対する保健指導
・母性及び児童の保健医療または福祉に関する機関との連絡調整
・健康診査、助産その他の母子保健に関する事業の実施

一問一答 ＋穴埋めドリル！

1 児童・家庭福祉制度の発展過程

Q 001 □□
イギリスのジョージ・ミュラーに影響を受けて岡山孤児院を設立したのは、〔　　　　　〕である。

Q 002 □□
「この子らを世の光に」という言葉を通じ、人間尊重の福祉の取組を展開したのは、近江学園の創設者の〔　　　　　〕である。

Q 003 □□
日本で1911（明治44）年に制定された工場法では、〔　　〕歳未満の者の就労を禁止していた。

Q 004 □□
恤救規則では、無告の窮民であって、かつ〔　　〕歳以下の孤児を救済することを規定していた。

Q 005 □□
1933（昭和８）年制定の児童虐待防止法は、〔　　〕歳未満の者を対象としていた。

Q 006 □□
ヤヌシュ・コルチャックは、子どもの権利に関する先駆的な思想を持ち、〔　　　　　　　　　　〕の精神に多大な影響を与えたといわれている。

Q 007 □□
児童の権利に関する条約では、児童が「自由に自己の意見を〔　　〕する権利を確保する」と明記している。

Q 008 □□
日本政府は、〔　　　　　　　〕年に児童の権利に関する条約に批准した。

A 001 石井十次

石井十次は、イギリスのジョージ・ミュラーに影響を受け、1887（明治23）年に岡山孤児院（当時は「孤児教育会」、後に改称）を設立した。

A 002 糸賀一雄

糸賀一雄は、「この子らに世の光を」ではなく、「この子らを世の光に」という言葉を通して、人間尊重の福祉の取組を展開した。

A 003 12

日本の工場法では、12歳未満の就労禁止、15歳未満の深夜労働や12時間以上の長時間労働禁止などを規定していた。

A 004 13

恤救規則（1874年）の対象は、扶養・養育する者がいない無告の窮民であり、独身で廃疾、70歳以上、重病で極貧、13歳以下の孤児に限定されていた。

A 005 14

1933（昭和８）年制定の児童虐待防止法は、1947（昭和22）年制定の児童福祉法にその内容が引き継がれることになり、同年廃止された。

A 006 児童の権利に関する条約

ヤヌシュ・コルチャックは、子どもの権利に関する先駆的な思想を持ち、児童の権利に関する条約の精神に多大な影響を与えたといわれ、第二次世界大戦下ナチスドイツによる強制収容所で子どもたちと死を共にしたとされている。

A 007 表明

「児童の権利に関する条約」の第12条に「自由に自己の意見を表明する権利を確保する」として、意見表明権が明記されている。

A 008 1994（平成６）

日本は、1994（平成６）年に児童の権利に関する条約に批准している。

2 児童福祉法

Q 009 □□ 全て国民は、児童の〔　　　　〕が優先して考慮され、心身ともに健やかに育成されるよう努めなければならない。

Q 010 □□ 児童の保護者は、児童を心身ともに健やかに育成することについて〔　　　　〕責任を負う。

Q 011 □□ 児童福祉法において、国及び〔　　　　〕は、児童の保護者を支援しなければならないとしている。

Q 012 □□ 児童養護施設の設置認可は、〔　　　　〕が行う。

Q 013 □□ 指定障害児通所支援事業者は、情報公表対象支援情報を管轄の〔　　　　〕に報告しなければならない。

Q 014 □□ 児童福祉法において、満１歳から小学校就学の始期に達するまでの者は、〔　　〕と定義している。

Q 015 □□ 児童福祉法において、妊産婦とは、妊娠中または出産後〔　　〕以内の女子をいう。

Q 016 □□ 乳児家庭全戸訪問事業は、市町村の区域内で、原則として生後〔　〕か月までの乳児のいる全ての家庭を訪問して、助言や援助などを行う事業である。

Q 017 □□ 児童発達支援センターの利用相談は、〔　　　　〕が行う。

A 009
最善の利益

第２条に「全て国民は、児童が良好な環境において生まれ、かつ、社会のあらゆる分野において、児童の年齢及び発達の程度に応じて、その意見が尊重され、その最善の利益が優先して考慮され、心身ともに健やかに育成されるよう努めなければならない」と規定されている。

A 010
第一義的

児童福祉法において、児童を心身ともに健やかに育成することについて第一義的責任（最も重要な責任）を負うとされているのは、児童の保護者である。

A 011
地方公共団体

児童福祉法において、児童の保護者を支援しなければならないのは、国及び地方公共団体である。

A 012
都道府県

児童養護施設の設置認可は、都道府県が行う。

A 013
都道府県知事

指定障害児通所支援事業者、指定障害児相談支援事業者、指定障害児入所施設などの設置者は、情報公表対象支援情報を、管轄の都道府県知事に報告しなければならない。

A 014
幼児

児童福祉法では、満18歳に満たない者を「児童」と定義し、さらに、満１歳に満たない者を「乳児」、満１歳から小学校就学の始期に達するまでの者を「幼児」、小学校就学の始期から満18歳に達するまでの者を「少年」と定義している。

A 015
１年

また、児童福祉法において、出産後の養育について、出産前から支援が必要と認められる妊婦を「特定妊婦」という。

A 016
4

乳児家庭全戸訪問事業は、児童福祉法に基づく子育て支援事業で、市町村の区域内で、原則として生後４か月までの乳児のいる全ての家庭を訪問して、助言や援助などを行う事業である。

A 017
市町村

障害児の通所施設である児童発達支援センターの実施主体は市町村であり、利用相談についても市町村が取り扱っている。

Q 018 □□ 母子生活支援施設の施設長は、入所中の個々の母子について、〔　　　　〕計画を立てなければならない。

Q 019 □□ 児童を養育者の家庭に迎え入れて養育を行う事業を、〔　　　　〕児童養育事業という。

Q 020 □□ 里親には、養育里親、専門里親、親族里親、〔　　　　〕里親の4種類がある。

Q 021 □□ 里親となることを希望する者に配偶者がいなくても、〔　　　　〕が認めれば里親として認定される。

Q 022 □□ 特別養子縁組の対象年齢は、2020（令和2）年4月からこれまでの原則6歳未満から原則〔　　〕歳未満に引き上げられた。

Q 023 □□ 里親に関する普及啓発は、〔　　　　〕（児童相談所）の業務に含まれる。

Q 024 □□ 親権者の意に反し、〔　〕か月を超えて一時保護を行うには、家庭裁判所の承認が必要である。

Q 025 □□ 要保護児童対策調整機関の調整担当者は、定められた〔　　〕を受けなければならない。

Q 026 □□ 児童福祉法の改正によって、2020（令和2）年4月から児童相談所の長の要件に、精神保健福祉士や〔　　　　〕が加わった。

A 018
自立支援

母子生活支援施設は、18歳未満の子どものいる母子家庭やこれに準ずる事情にある家庭の母親と子どもを入所させて保護し、自立支援計画の策定や自立促進に向けた生活支援、退所後の相談などを行う施設である。

A 019
小規模住居型

小規模住居型児童養育事業は、ファミリーホームともいい、児童を養育者の家庭に迎え入れて養育を行う。

A 020
養子縁組

里親には、養育里親、専門里親、親族里親、養子縁組里親の４種類がある。養子縁組里親とは、養子縁組によって子どもの養親となることを希望する里親をいう。

A 021
都道府県知事

里親となることを希望する者に配偶者がいなくても、知識、経験を有する等児童を適切に養育できると認められる者として、都道府県知事が認めれば里親として認定される。

A 022
15

民法の改正によって、特別養子縁組の対象年齢は、これまでの請求時６歳未満から請求時15歳未満を原則とすることになった。さらに例外的に認められる年齢もこれまでの８歳未満から18歳未満に引き上げられた。

A 023
都道府県

都道府県（児童相談所）の業務として、里親に関する普及啓発のほか、里親への相談支援や情報提供などがある。

A 024
2

一時保護は原則として２か月を超えてはならないが、親権者の意に反し、２か月を超えて一時保護を行うには、家庭裁判所の承認が必要となる。

A 025
研修

要保護児童対策調整機関の調整担当者は、厚生労働大臣が定める基準に適合する研修を受けなければならない。要保護児童対策調整機関の指定は、協議会を設置した地方公共団体の長が行う。

A 026
公認心理師

児童福祉法の改正によって、2020（令和２）年４月から児童相談所の長や児童福祉司の要件に、精神保健福祉士や公認心理師が加わった。

Q 027 □□ 保育士としての登録は、〔　　　　　　　〕に対して申請手続きを行う。

3 児童虐待防止法

Q 028 □□ 児童虐待防止法における児童とは、〔　　〕歳に満たない者を指す。

Q 029 □□ 児童が同居する家庭における配偶者に対する暴力は、〔　　〕虐待に該当する。

Q 030 □□ 児童虐待防止法では、弁護士に対し、児童虐待の〔　　　　〕の努力義務を課している。

Q 031 □□ 児童虐待のおそれがあると認めるとき、〔　　　　　　〕は、保護者に対し、児童を同伴して出頭することを求め、児童委員や児童相談所の職員に立入調査をさせることができる。

Q 032 □□ 児童虐待が行われている疑いがあり、保護者が〔　　　〕要求に応じないときは、児童相談所の職員等が児童の住所または居所を臨検、または児童を捜索する場合がある。

Q 033 □□ 児童相談所長等は、児童虐待の防止及び児童虐待を受けた児童の保護のため、面会・〔　　〕制限を行うことができる。

Q 034 □□ 緊急に子どもを保護する必要があると判断される場合、速やかに〔　　　　〕（期間は原則２か月以内）を行う。

A 027
都道府県知事

保育士は、児童福祉法に規定されている国家資格である。保育士として働くには、都道府県知事に対して登録申請手続きを行い、保育士証の交付を受けることが必要である。

A 028
18

児童虐待防止法では、保護者が監護（監督・保護）する児童に行う虐待行為を児童虐待と定義している。

A 029
心理的

配偶者に対する暴力は、子どもに直接暴力を振るっていなくても、子どもに心理的外傷を与えることから、心理的虐待となる。

A 030
早期発見

児童虐待防止法では、学校の教職員、児童福祉施設の職員、医師、保健師、弁護士その他児童の福祉に職務上関係のある者に対し、児童虐待の早期発見の努力義務を課している。

A 031
都道府県知事

保護者が立入調査を拒んだ場合には、再出頭要求をすることができる。

A 032
再出頭

都道府県知事は、児童虐待の疑いがあり、立入調査に正当な理由なく拒否した保護者が再出頭要求に応じない場合、裁判官の認可状により、児童相談所の職員等に児童の住所や居所を臨検、または児童を捜索させることができる。

A 033
通信

児童相談所長は、児童虐待を受けた児童の保護のため、施設入所等の措置あるいは一時保護が行われている場合に、児童虐待を行った保護者について、面会・通信を制限することができる。

A 034
一時保護

一時保護は、原則、子どもや保護者の同意を得て行う必要があるが、子どもの福祉を害すると認められる場合にはこの限りでない（職権保護）。

Q 035 □□ 児童虐待を行った保護者が、接近禁止命令に違反した場合、1年以下の懲役または〔　　〕万円以下の罰金が科せられる。

4 児童手当等

Q 036 □□ 児童手当を受けようとする父母等は、〔　　　　　〕の認定が必要である。

Q 037 □□ 被用者の0～3歳未満の児童手当の費用については、事業主が〔　　〕分の7を負担している。

Q 038 □□ 児童扶養手当法における児童とは、障害がない子どもの場合、〔　　〕歳到達後の最初の3月31日までの間にある者をいう。

Q 039 □□ 児童扶養手当は、父または母の死亡について支給される〔　　　〕と併せて給付を受けることができる。

Q 040 □□ 児童扶養手当の支給要件には、父または母が裁判所からの〔　　〕命令を受けた場合も含まれる。

Q 041 □□ 特別児童扶養手当は、精神または身体に障害を有する20歳未満の児童を〔　　〕で監護、養育している父母等に支給される。

Q 042 □□ 障害児福祉手当は、精神または身体に重度の障害を有するため、日常生活において常時の介護を必要とする〔　　〕の20歳未満の者に支給される。

A 035 100
接近禁止命令とは、児童に一時保護等の措置を行った場合、特に必要があるときに、都道府県知事または児童相談所長が、保護者に対し、期間を定めて、児童へのつきまといや児童の居場所付近でのはいかいの禁止を命令することをいう。

A 036 市町村長
児童手当を受けようとする者は、市町村（公務員は所属庁）の認定を受ける必要がある。認定を受けることにより、原則として、毎年６月、10月、２月に、それぞれ前月までの分が支給される。

A 037 15
児童手当の財源として、国、都道府県、市町村、事業主拠出金が充てられている。

A 038 18
児童扶養手当法に規定される「児童」とは、「18歳に達する日以後の最初の３月31日までの間にある者または20歳未満で政令で定める程度の障害の状態にある者」である。

A 039 公的年金
児童扶養手当は、2014（平成26）年の児童扶養手当法改正により、公的年金額が児童扶養手当額より低い場合において、父または母の死亡について支給される公的年金と併せて給付を受けることができることになった。

A 040 保護
2012（平成24）年の改正により、支給要件に、配偶者からの暴力（DV）で「裁判所からの保護命令」が出された場合が加わった。

A 041 家庭
特別児童扶養手当は、精神または身体に障害を有する20歳未満の児童（障害児）を家庭で監護、養育している父母等に支給される。

A 042 在宅
障害児福祉手当は、精神または身体に重度の障害を有するため、日常生活において常時の介護を必要とする在宅の20歳未満の者（重度障害児）本人に支給される。

15

貧困に対する支援

ココ!確認  ポイント・チェック!

恤救規則と救護法

	恤救規則	救護法
制定	1874（明治７）年	1929（昭和４）年
対象	「無告ノ窮民」のみ	生活困窮者 ※労働能力を有している者は対象外
支給	米代を現金給付	生活扶助、生業扶助、 助産、医療扶助を支給 ※埋葬費を支給することも認めていた

保護の種類・給付方法・範囲

種類	給付方法	主な範囲
生活扶助	金銭給付	衣食その他日常生活の需要を満たすために必要なもの、移送
教育扶助	金銭給付	義務教育に伴って必要な教科書や通学用品
住宅扶助	金銭給付	住居、補修
医療扶助	現物給付	診察、薬剤、治療材料、医学的処置
介護扶助	現物給付	居宅介護、福祉用具、住宅改修、施設介護、介護予防、介護予防福祉用具、介護予防住宅改修、介護予防・日常生活支援、移送
出産扶助	金銭給付	分娩の介助、分娩前後の処置、脱脂綿・ガーゼその他の衛生材料
生業扶助	金銭給付	生業に必要な資金・器具または資料代（生業費）、生計維持に役立つ生業に就くために必要な技能を修得する経費、高等学校等就学費（技能修得費）、就職のために必要となるスーツなどの身の回り品（就職支度費）
葬祭扶助	金銭給付	検案、死体の運搬、火葬または埋葬

※給付方法は、原則として給付される方法を指す。介護保険の保険料や介護老人福祉施設基本費などは、生活扶助の支給対象になる。

生活保護制度の基本原理

国家責任による最低生活保障の原理	日本国憲法第25条に規定する理念に基づき、国家の責任によって生活に困窮する全ての国民に対し、必要な保護を行ことで、国民の最低限度の生活を保障し、国民の自立を助長することを目的とする
無差別平等の原理	要件を満たす限り、全ての国民は、無差別平等に保護を受けることができる
最低生活保障の原理	保障される最低限度の生活は、健康で文化的な生活水準を維持することができるものでなければならない
保護の補足性の原理	生活に困窮する者に対し、利用できる資産・能力などを最低限度の生活維持に活用することを要件に保護を実施すると規定した上で、原則、他法で行われる扶助などは、全て生活保護法の保護よりも優先して行われる

保護の４原則

申請保護の原則	生活保護は、原則、要保護者や要保護者の扶養義務者などの申請に基づいて、保護を開始する
基準及び程度の原則	生活保護は、厚生労働大臣の定める基準により測定した要保護者の需要に基づき、そのうち、要保護者などの金銭や物品で満たすことのできない不足分を補う程度において保護を行う
必要即応の原則	生活保護は、要保護者の年齢別、性別、健康状態などを踏まえ、個人や世帯の実際の必要の相違を考慮した上で、保護を有効かつ適切に行う
世帯単位の原則	生活保護は、原則、世帯を単位として、保護の要否や程度が定められている

生活保護法に基づく事業

被保護者就労支援事業	保護の実施機関が実施主体となって、就労の支援に関する問題について、被保護者からの相談に応じ、必要な情報の提供や助言を行う事業
被保護者健康管理支援事業	保護の実施機関が実施主体となって、被保護者に対する必要な情報の提供、保健指導、医療の受診の勧奨などを行う事業。2021（令和３）年１月に創設

生活保護の申請から認定・支給までの流れ

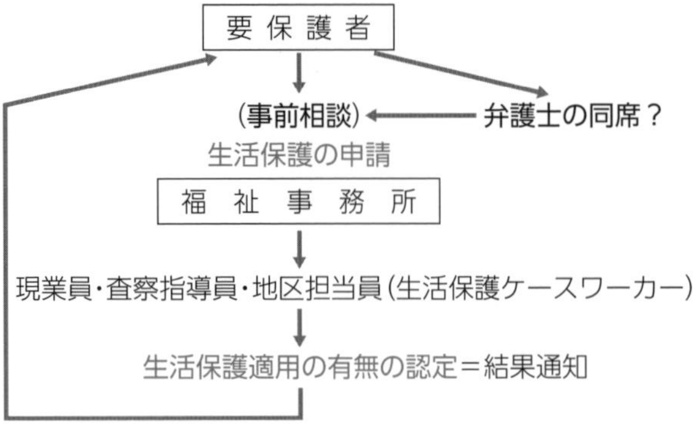

生活扶助基準

衣食などのいわゆる日常生活に必要な基本的、経常的経費についての最低生活費を定めたものである。

第1類	個人的経費ともいい、食費や被服費などの個人単位で消費する生活費についての基準であり、所在地域別に設定されている
第2類	世帯共通的経費ともいい、電気代、ガス代、水道代などの光熱水費や家具什器費など、世帯全体としてまとめて支出される経費であり、世帯人員別に設定されている
加算	特別な需要に対応するものとしての加算制度であり、第1類費や第2類費のほかに一定額を上積みする

社会保険と公的扶助の比較

	社会保険	公的扶助
目的	防貧	救貧
財源	保険料＋租税	全額租税
給付	画一	個別
給付の前提	保険事故	収入補足

生活困窮者自立支援制度に基づく事業

義務

- **生活困窮者自立相談支援事業**
  ⇒就労の支援等の問題についての相談に応じ、必要な情報提供、助言、関係機関との連絡調整のほか、認定生活困窮者就労訓練事業の利用のあっせんを行う
- **生活困窮者住居確保給付金**
  ⇒生活困窮者のうち、離職などによって、家賃の支払いなどが困難となり、就職を容易にするために住居を確保する必要があると認められるものに対し支給する給付金
  ⇒支給期間は原則３か月となっているが、最大９か月まで延長することも可能となっている

努力義務

- **生活困窮者家計改善支援事業**
  ⇒生活困窮者に対し、収入や支出などの状況を適切に把握し、家計改善の意欲を高めるよう支援するほか、生活に必要な資金の貸付けのあっせんを行う
- **生活困窮者就労準備支援事業**
  ⇒雇用による就業が著しく困難な生活困窮者に対し、一定期間にわたり、就労に必要な知識および能力の向上のために必要な訓練を行うもの

任意

- **生活困窮者一時生活支援事業**
  ⇒一定の住居を持たない生活困窮者に対し、一定期間にわたり、宿泊場所の供与などを行う
  ⇒期間は原則３か月以内となっているが、６か月まで延長することも可能となっている
- **子どもの学習・生活支援事業**
  ⇒生活困窮者である子どもに対する学習の援助などを行う
- **その他の生活困窮者の自立の促進を図るために必要な事業**

一問一答 ＋穴埋めドリル！

1 貧困に対する制度の発展過程

Q 001 □□
恤救規則の救済内容は、わずかな〔　　〕をごく短期間支給するというものであった。

Q 002 □□
恤救規則の救済対象は、〔　　〕ノ窮民であった。

Q 003 □□
軍事救護法の成立に伴い、法の運営を行うために内務省に〔　　〕が設置された。

Q 004 □□
救護法における扶助の種類は、生活扶助、生業扶助、〔　　〕扶助、医療扶助の 4 種類であった。

Q 005 □□
旧生活保護法では、教育及び住宅に関する保護は、〔　　〕扶助に含まれていた。

2 生活保護の原理・原則

Q 006 □□
生活保護は、日本国憲法第〔　　〕条が規定する理念に基づいて行われる。

Q 007 □□
公的扶助には一定基準以下の貧困状態から、扶助により救済する〔　　〕的機能がある。

Q 008 □□
保護の基本原理の 1 つとして、〔　　〕平等の原理がある。

A 001 米代

1874（明治７）年制定の恤救規則の基本理念は、家族や地域の住民同士の人情交流を救済の基盤として、地域共同体での相互扶助を重視する人民相互ノ情誼であった。

A 002 無告

恤救規則の救済対象は、70歳以上の老衰者、障害者、重病人、13歳以下の独身で労働能力のない極貧の者（労働能力がない、自力では生活できない、身寄りがない困窮者）などの無告ノ窮民であった。

A 003 救護課

救護課（現在の厚生労働省）は、1917（大正６）年の軍事救護法の制定に伴い、内務省地方局に設置されたものである。

A 004 助産

救護法における扶助の種類は、生活扶助、生業扶助、助産扶助、医療扶助の４種類であった。このほか、埋葬費を支給することを認めていた。

A 005 生活

旧生活保護法における扶助は、医療扶助、出産扶助、生活扶助、生業扶助、葬祭扶助の５種類であったが、教育及び住宅に関する保護は、そのうちの生活扶助に含まれていた。

A 006 25

生活保護制度は、日本国憲法第25条が規定する「健康で文化的な最低限度の生活を営む権利」を保障し、自立を助長することを目的に行われる。

A 007 救貧

一方、社会保険には、保険給付により貧困に陥らせないようにする防貧的機能がある。

A 008 無差別

保護の基本原理には、国家責任による最低生活保障の原理、無差別平等の原理、健康で文化的な最低生活保障の原理、保護の補足性の原理がある。

Q 009 □□ 保護の4原則の1つとして、基準及び〔　　〕の原則がある。

Q 010 □□ 民法に定める扶養義務者の扶養及び他の法律に定める扶助は、保護の〔　　〕の原理に基づき、生活保護法による保護に優先して行われる。

Q 011 □□ 〔　　〕の原則とは、要保護者の年齢、性別、健康状態等その個人または世帯の実際の必要の相違を考慮して、有効かつ適切に行うことをいう。

Q 012 □□ 〔　　〕保護の原則とは、保護は、要保護者、扶養義務者、その他の同居の親族の〔　　〕に基づいて開始されることをいう。

Q 013 □□ 保護は、〔　　〕の定める基準により測定した要保護者の需要を基とし、そのうち金銭または物品で満たすことのできない不足分を補う程度において行う。

Q 014 □□ 保護は、〔　　〕を単位として行われるが、特別の場合には個人を単位として行うこともできる。

3 保護（扶助）の種類とその内容

Q 015 □□ 扶助の種類には、生活扶助のほか、教育扶助、住宅扶助、医療扶助、介護扶助、出産扶助、〔　　〕扶助、葬祭扶助がある。

Q 016 □□ 〔　　〕扶助、住宅扶助、葬祭扶助には、級地区分がある。

A 009 程度

保護の４原則とは、基準及び程度の原則、申請保護の原則、必要即応の原則、世帯単位の原則をいう。

A 010 補足性

保護の基本原理の１つである保護の補足性の原理に基づき、生活保護法による保護に優先して行われることが規定されている。

A 011 必要即応

必要即応の原則とは、生活保護を機械的、画一的に運用するのではなく、保護を必要とする者の年齢、性別、健康状態など、その世帯の事情に応じ必要かつ迅速に行うことをいう。

A 012 申請

生活保護の基本原則の１つとして、申請保護の原則があるが、要保護者が急迫の場合には、保護の申請がなくとも保護を行うことができるとしている。

A 013 厚生労働大臣

最低限度の生活基準は、厚生労働大臣が水準均衡方式により定めている。水準均衡方式とは、1984（昭和59）年から現在までとられている方式で、生活扶助基準が、一般国民の消費実態との均衡上ほぼ妥当であるとの評価を踏まえ、当該年度に想定される一般国民の消費動向を踏まえると同時に、前年度までの一般国民の消費実態との調整を図るという方式である。

A 014 世帯

保護は、原則として世帯を単位として行われるものであるが、特別の場合には個人を単位として行うことも認められている。

A 015 生業

生活保護法による最低限度の生活の保障は、生活扶助、教育扶助、住宅扶助、医療扶助、介護扶助、出産扶助、生業扶助、葬祭扶助の８種類の扶助により実施されている。

A 016 生活

生活扶助、住宅扶助、葬祭扶助は、住んでいる場所によって支給額が異なる級地区分がある。

Q 017
□□
入院中の被保護者に対しては、〔　　〕扶助により、入院患者日用品費が支給される。

Q 018
□□
生活扶助には、第1類、第2類、入院患者日用品費、〔　　〕入所者基本生活費、各種加算、期末一時扶助、一時扶助がある。

Q 019
□□
生活扶助の第〔　〕類の経費は、世帯共通の費用とされている。

Q 020
□□
小中学校への入学準備金は、〔　　〕扶助から支給される。

Q 021
□□
高等学校等就学費は、〔　　〕扶助に含まれる。

Q 022
□□
出産扶助は、〔　　〕給付によって行うことを原則とする。

Q 023
□□
生業扶助は、原則として、〔　　〕給付である。

Q 024
□□
介護保険の保険料は、〔　　〕扶助の介護保険料加算から支給される。

Q 025
□□
都道府県は、居住地がないか、または明らかでない被保護者の保護に要する費用の〔　〕分の1を負担するとしている。

A 017
生活

入院患者日用品費とは、1か月を超えて病院等へ入院している被保護者の一般生活費のことで、生活扶助により支給される。

A 018
介護施設

介護施設入所者基本生活費は、介護保険法による介護施設に入所している被保護者の一般生活費のことで、生活扶助により支給される。

A 019
2

生活扶助の第1類の経費は、食費や被服費等の個人単位の経費が対象、第2類の経費は、光熱水費・家具什器等に加えて地区別冬季加算の世帯単位の費用である。

A 020
一時

小学生の子どもの校外活動参加のための費用といったものは、教育扶助から支給されるが、小中学校への入学準備金は、一時扶助から支給される。

A 021
生業

生業扶助には、生計維持を目的とする小規模な事業運営のために必要な費用である生業費、生計維持に役立つ生業につくために必要な技術を習得する費用である技能習得費、就職のために必要になる就職支援費があり、高等学校等就学費は技能習得費に含まれる。

A 022
金銭

出産扶助は、分娩の介助や分娩前後の処置、脱脂綿、ガーゼ、その他衛生材料など出産費に充てるための費用について、原則として金銭給付で支給する。

A 023
金銭

医療扶助や介護扶助の支給方法は、原則として現物給付であるのに対し、それ以外の生業扶助や生活扶助などの支給方法は、原則として金銭給付となっている。

A 024
生活

介護保険料加算は、介護保険の第1号被保険者で、普通徴収の方法によって保険料を納付する者に対応した加算である。

A 025
4

都道府県は、居住地がないか、または明らかでない被保護者の保護に要する費用の4分の1を負担するとしている。

---

4 保護の実施機関の役割

Q 026 □□ 保護の実施機関は、都道府県知事、市長、〔　　　　　　〕を管理する町村長である。

Q 027 □□ 保護の実施機関は、被保護者に対して生活の維持、〔　　〕のための指導または指示をすることができる。

Q 028 □□ 保護の実施機関は、申請日から〔　　〕日以内（30日まで延長可）に資産調査（資力調査）等を行い、書面で申請者へ通知する。

Q 029 □□ 福祉事務所の指導監督を行う所員及び現業を行う所員は、〔　　　　　　〕でなければならない。

Q 030 □□ 福祉事務所を設置していない町村の長は、特に急迫した事由により放置することができない状況にある要保護者に対して応急的な処置として必要な〔　　〕を行う。

Q 031 □□ 生活保護の指導監督を行う所員（〔　　　　　　〕）は、生活保護業務における管理的機能と現業を行う所員（地区担当員）に対する教育的機能と支持的機能を果たすことが求められている。

5 低所得者対策

Q 032 □□ 生活福祉資金貸付制度の実施主体は、〔　　　　　　〕社会福祉協議会である。

A 026
福祉事務所

保護の実施機関は、都道府県知事、市長、福祉事務所を管理する町村長となっており、実際の運営実施事務は、福祉事務所長に委任されている。

A 027
向上

保護の実施機関は、被保護者に対して生活の維持、向上その他保護の目的達成に必要な指導または指示をすることができる。

A 028
14

保護の申請をしてから30日以内に通知がないときは、申請者は、保護の実施機関が申請を却下したものとみなすことができる。

A 029
社会福祉主事

社会福祉主事は、都道府県知事または市町村長の補助機関である職員で、都道府県、市及び福祉に関する事務所を設置する町村は必置であり、それ以外の町村は置くことができる。

A 030
保護

福祉事務所を設置していない町村の長は、その町村の区域内において特に急迫した事由により放置することができない状況にある要保護者に対し、応急的処置として、必要な保護を行う。

A 031
査察指導員

査察指導員は、地区担当員に対する保護決定実施上の審査や効果的訪問調査の指導、保護申請処理状況の検討などの際に、管理的機能、教育的機能、支持的機能が求められている。

A 032
都道府県

生活福祉資金貸付制度の実施主体は、都道府県社会福祉協議会である。ただし、資金の交付や償還金の受入れなど直接利用者に関わる窓口業務は、市町村社会福祉協議会に委託している。

Q 033 □□ 生活福祉資金貸付制度では、〔　　　〕社会福祉協議会を通じて借入れを申し込むことができる。

Q 034 □□ 生活福祉資金貸付制度の対象世帯は、低所得者世帯、〔　　　〕世帯、高齢者世帯である。

Q 035 □□ 生活福祉資金貸付制度の貸付資金は、総合支援資金、〔　　〕資金、教育支援資金、不動産担保型生活資金の4種類である。

Q 036 □□ 生活困窮者自立支援制度における自立相談支援機関には、主任相談支援員、相談員、〔　　　　　〕が配置されることが基本となっている。

Q 037 □□ 生活困窮者住居確保給付金の支給期間は、原則〔　〕か月となっている。

Q 038 □□ 雇用による就業が著しく困難な生活困窮者に対し、就労に必要な知識及び能力の向上のために必要な訓練を行うのは、生活困窮者〔　　　　　　〕事業である。

Q 039 □□ 生活困窮者一時生活支援事業の実施期間については、原則〔　〕か月間となっている。

Q 040 □□ 〔　　　　　　　　〕事業では、就労の支援に関する問題について、被保護者からの相談に応じ、必要な情報の提供や助言を行う。

A 033
市町村

生活福祉資金貸付制度の実施主体である都道府県社会福祉協議会は、資金の交付や償還金の受入れなど直接利用者にかかわる窓口業務を市町村社会福祉協議会に委託している。借入れの申込みは市町村社会福祉協議会が運営している窓口で行う。

A 034
障害者

生活福祉資金貸付制度の対象世帯は、低所得者世帯（必要な資金を他から借り受けることが困難な世帯〈市町村民税非課税程度〉）、障害者世帯（身体障害者手帳、療育手帳、精神障害者保健福祉手帳の交付を受けた者等の属する世帯）、高齢者世帯（療養または介護を必要とするおおむね65歳以上の高齢者の属する世帯）である。

A 035
福祉

生活福祉資金貸付制度の貸付資金の種類には、総合支援資金、福祉資金、教育支援資金、不動産担保型生活資金がある。

A 036
就労支援員

自立相談支援機関には、基本的に主任相談支援員（相談支援業務のマネジメントや社会資源の開拓等の地域への働きかけを行う者）、相談員（支援プランの作成など、相談支援全般を行う者）、就労支援員（就労支援に関する知識、技術を有する者）が配置される。

A 037
3

生活困窮者住居確保給付金の支給期間は、原則3か月となっており、就職活動を誠実に行っている場合は最大9か月まで延長できる。また、上限額は生活保護制度の住宅扶助基準に基づく金額となる。

A 038
就労準備支援

生活困窮者就労準備支援事業は、一般就労に従事する準備としての基礎能力の形成を、計画的かつ一貫して支援する事業である。6か月～1年程度、プログラムに沿った支援や就労の機会の提供を行う。

A 039
3

生活困窮者一時生活支援事業は、住居をもたない生活困窮者に対して、一定期間（原則として3か月以内、ただし、都道府県等が必要と認める場合、6か月間まで延長可能）、宿泊場所や衣食の提供などを行う事業である。

A 040
被保護者就労支援

被保護者就労支援事業は、保護の実施機関が実施主体となって、就労の支援に関する問題について、被保護者からの相談に応じ、必要な情報の提供や助言を行う。

16

保健医療と福祉

ココ!確認  ポイント・チェック!

国民医療費の動向（令和３年度）

□人口１人当たりの国民医療費

令和３年度の国民医療費は45兆359億円、人口１人当たりの国民医療費は35万8800円で、ともに前年に比べて増加した。

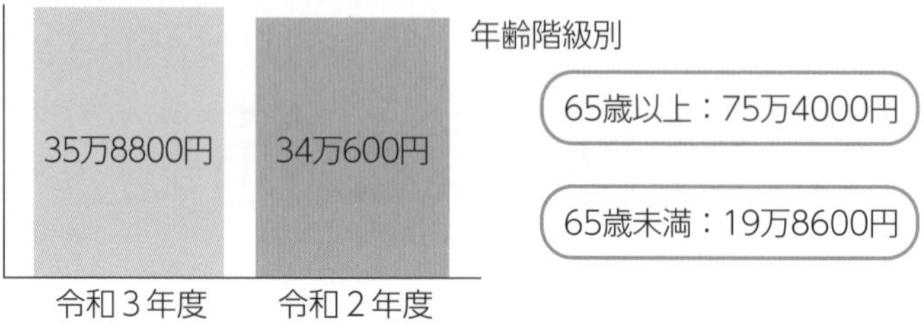

□財源別国民医療費

財源別にみると、保険料が最も多い。

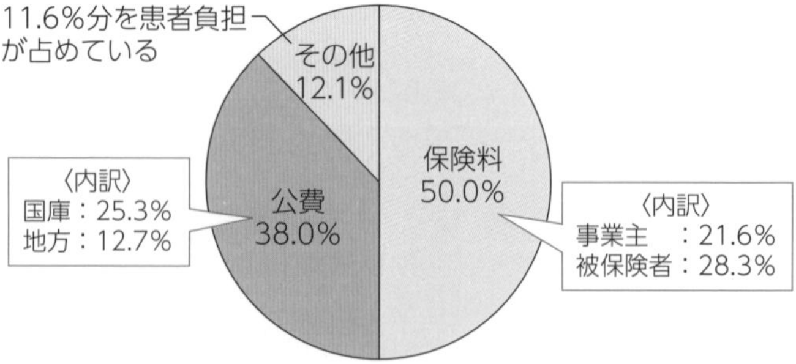

□診療種類別国民医療費

診療種類別にみると、医科診療医療費が最も多い。

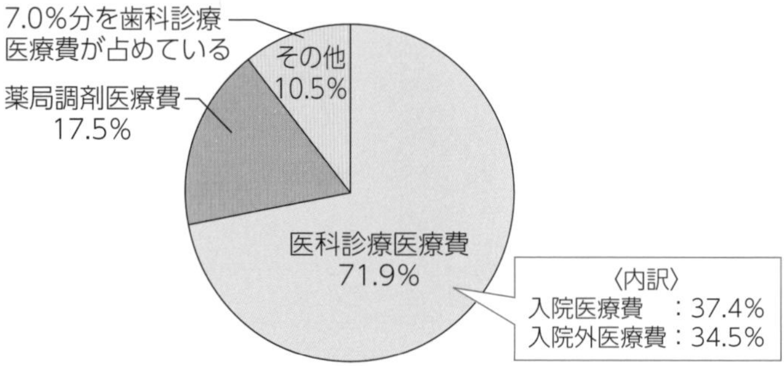

高額療養費制度のポイント

・同一月にかかった医療費の自己負担額が高額になった場合に、自己負担限度額を超えた分について払い戻される（限度額適用認定証が交付されている場合、1か月の窓口での支払いは自己負担限度額まで）
・高額療養費の申請を受け付けた場合、受診した月から少なくとも3か月程度かかる
・被保険者と被扶養者の住所が異なっていても、同一の医療保険に加入していれば世帯合算の対象になる
・入院時の食費や居住費（差額ベッド代等）は対象外となる
・高額療養費を受ける権利には、診療を受けた月の翌月の初日から2年という消滅時効が設けられている
・高額療養費として払戻しを受けた月数が直近12か月間で3か月以上ある場合には、4か月目から自己負担限度額が引き下げられる

診療報酬制度のポイント

・診療報酬の改定の基本方針は社会保障審議会が決定
・個々の具体的な点数は厚生労働大臣が決定
・診療報酬と介護報酬の同時改定は6年に1回
・診療報酬点数表の1点単価は10円

リハビリテーション専門職の特徴

理学療法士	医師の指示の下、身体に障害のある者に対し、主に基本的動作能力の回復を図るため、治療体操、電気刺激、温熱などの理学療法を行う
作業療法士	医師の指示の下、身体や精神に障害のある者に対し、主に応用的動作能力または社会的適応能力の回復を図るため、手芸や工作などの作業療法を行う
言語聴覚士	音声機能、言語機能、聴覚に障害のある者に対し、機能の維持向上を図るため、言語訓練などを行うほか、診療の補助として、医師等の指示の下、嚥下訓練や人工内耳の調整なども行う
視能訓練士	医師の指示の下、両眼視機能に障害のある者に対するその両眼視機能の回復のための矯正訓練及びこれに必要な検査を行う
義肢装具士	医師の指示の下に、義肢及び装具の装着部位の採型並びに義肢及び装具の製作及び身体への適合を行う

医療法上の医療提供施設等の特徴

病院	医師や歯科医師が、公衆または特定多数人のため医業または歯科医業を行う場所であって、20人以上の患者を入院させる施設を有するもの
診療所	医師や歯科医師が、公衆または特定多数人のため医業または歯科医業を行う場所であって、患者を入院させるための施設を有しないもの、または19人以下の患者を入院させる施設を有するもの
介護老人保健施設	介護保険法に基づく介護保険施設の１つであり、開設時に都道府県知事の許可を受ける
介護医療院	介護保険法に基づく介護保険施設の１つであり、開設時に都道府県知事の許可を受ける

地域医療支援病院の概要と要件

国、都道府県、市町村、社会医療法人などが開設する一定の要件を満たした病院は、所在地の都道府県知事の承認を得て地域医療支援病院と称することができる。

・救急医療を提供する能力を有すること
・地域の医療従事者の資質の向上を図るための研修を行わせる能力を有すること
・原則として200床以上の病床を有すること
・地域医療支援病院としてふさわしい構造設備を有すること　など

特定機能病院の概要と要件

一定の要件を満たした病院は、厚生労働大臣の承認を得て特定機能病院と称することができる。

・高度の医療を提供する能力を有すること
・高度の医療技術の開発及び評価を行う能力を有すること
・高度の医療に関する研修を行わせる能力を有すること
・医療の高度の安全を確保する能力を有すること
・400床以上の病床があることや、内科・外科など主要な診療科が10以上あること　など

医師の役割

- 医療及び保健指導を掌る
- その仕事は医業とされ、行う行為は医療行為と呼ばれる
- 公衆衛生の向上及び増進に寄与し、国民の健康な生活を確保する
- 患者または現にその看護に当たっている者に対して処方せんを交付する
- 医師自らの処方による調剤は認められている
- 診療時には遅滞なく診療に関する事項を診療録に記載し、５年間保存する

医療ソーシャルワーカー業務指針における業務範囲

療養中の心理的・社会的問題の解決、調整援助	療養中の諸問題を予測し、患者やその家族からの相談に応じ、問題の解決、調整に必要な援助を行う
退院援助	退院・退所後の選択肢を説明し、相談に応じ、問題の解決、調整に必要な援助を行う
社会復帰援助	退院・退所後において、社会復帰が円滑に進むように、社会福祉の専門的知識及び技術に基づいた援助を行う
受診・受療援助	入院、入院外を問わず、患者やその家族等に対する受診や受療の援助を行う
経済的問題の解決、調整援助	入院、入院外を問わず、患者が医療費、生活費に困っている場合に、社会福祉、社会保険等の機関と連携を図りながら、福祉、保険等関係諸制度を活用できるように援助する
地域活動	患者のニーズに合致したサービスが地域において提供されるよう、関係機関、関係職種等と連携し、地域の保健医療福祉システムづくりに参画する

在宅療養支援診療所と在宅療養支援病院の共通事項

- 24時間連絡を受ける体制を確保している
- 24時間往診可能である
- 24時間訪問看護が可能である
- 緊急時に入院できる病床を確保している
- 連携する保険医療機関、訪問看護ステーションに適切に患者の情報を提供している
- 年に1回、看取りの数を報告している

一問一答 ＋穴埋めドリル！

1 国民医療費の概況

Q 001 □□

国民医療費は、〔　　　　〕の対象となる病気やケガの治療費の推計で、医科診療や歯科診療にかかる診療費、薬局調剤医療費、入院時食事・生活医療費、訪問看護医療費等が含まれる。

Q 002 □□

令和３年度の人口１人当たり国民医療費は、年間〔　　〕万円を超えている。

Q 003 □□

令和３年度の65歳以上の人口１人当たり国民医療費は、年間〔　　〕万円を超えている。

Q 004 □□

令和３年度の国民医療費の国内総生産（GDP）に対する比率は、〔　〕％を超えている。

Q 005 □□

令和３年度の国民医療費を年齢階級別の割合でみると、65歳以上の医療費よりも65歳未満の医療費の方が〔　　　〕。

Q 006 □□

令和３年度の財源別国民医療費では、国庫及び地方負担の総額である公費の割合が、事業主及び被保険者の総額である保険料よりも〔　　　〕。

Q 007 □□

令和３年度の制度区分別国民医療費では、医療保険等給付分の次に比率が多いのは、〔　　　　　　　〕給付分である。

Q 008 □□

令和３年度の診療種類別国民医療費のうち最も大きな割合を占めるのは、〔　　　　　　〕費である。

A 001 保険診療

国民医療費は、保険診療の対象となる病気やケガの治療費の推計であり、保険診療の対象とならない先進医療、選定療養、不妊治療、正常な妊娠・分娩費用、健康診断、予防接種費用、義眼、義肢等の費用は含まない。なお、令和３年度の国民医療費の総額は45兆359億円である。

A 002 30

令和３年度の人口１人当たり国民医療費は、年間35万8800円である。

A 003 70

令和３年度の65歳以上の人口１人当たり国民医療費は、年間75万4000円である。

A 004 7

令和３年度の国民医療費の国内総生産（GDP）に対する比率は8.18％である。

A 005 少ない

令和３年度の国民医療費をみると、65歳以上の医療費が60.6％（27兆3036億円）であるのに対し、65歳未満の医療費が39.4％（17兆7323億円）となっている。

A 006 少ない

令和３年度の財源別国民医療費をみると、公費が全体の38.0％を占め、保険料が全体の50.0％を占めており、保険料の方が公費よりも大きな割合を占めている。

A 007 後期高齢者医療

令和３年度の制度区分別国民医療費の内訳は、医療保険等給付分が45.7％を占めて最も多く、次いで後期高齢者医療給付分34.9％、患者等負担分12.1％の順である。

A 008 医科診療医療

令和３年度の診療種類別国民医療費のうち、最も大きな割合を占めるのは医科診療医療費である。次いで薬局調剤医療費、歯科診療医療費の順になっている。

Q 009 □□ 令和３年度の医科診療医療費を診療種類別の割合でみると、入院外医療費よりも入院医療費の方が〔　　〕。

Q 010 □□ 令和３年度の医科診療医療費を傷病分類別の割合でみると、〔　　　　　　　〕が最も大きい。

2 診療報酬制度

Q 011 □□ 診療報酬点数には、医科、歯科、〔　　〕報酬が設けられている。

Q 012 □□ 診療報酬の改定の個々の具体的な点数の設定は、〔　　　　〕が決定する。

Q 013 □□ 診療報酬点数は、１点の単価が〔　　〕円とされている。

Q 014 □□ 診療報酬の改定は、〔　　　　　　　　　　　〕の答申を経て行われる。

Q 015 □□ 医療機関は、診療報酬の請求を診療した月の翌月〔　　〕日までに行う。

Q 016 □□ 外来診療報酬については、〔　　　〕払い制度がとられている。

Q 017 □□ DPC制度（DPC／PDPS）は、入院〔　　〕当たり診療報酬包括支払制度である。

A 009 高い

令和３年度の医科診療医療費を診療種類別の割合でみると、入院医療費は37.4％を占めているのに対し、入院外医療費は34.5％である。

A 010 循環器系の疾患

令和３年度の医科診療医療費を傷病分類別の割合でみると、循環器系の疾患が18.9％を占めて最も大きく、次いで新生物（14.9％）、筋骨格系及び結合組織の疾患（8.0％）、損傷、中毒及びその他の外因の影響（7.7％）、腎尿路生殖器系の疾患（7.1％）の順になっている。

A 011 調剤

診療報酬点数には、医科、歯科、調剤報酬の３種類がある。

A 012 厚生労働大臣

診療報酬の改定の基本方針は、社会保障審議会において決定されるが、個々の具体的な点数は厚生労働大臣が決定する。

A 013 10

診療報酬点数に対する価格は、全国一律で１点10円と定められている。

A 014 中央社会保険医療協議会

診療報酬の改定は、社会保障審議会が定めた診療報酬改定の基本方針に基づいて、中央社会保険医療協議会の答申を経て行われる。

A 015 10

医療機関は、診療報酬の請求を診療した月の翌月10日までに行い、支払いは、請求月の翌月の原則21日に行われる（診療した月の翌々月）。

A 016 出来高

外来診療報酬については、基本的に出来高払い方式（医療行為ごとに点数を合計して計算する方法）がとられている。

A 017 １日

DPC制度は、特定機能病院などで導入されている診療報酬の１日当たりの包括評価制度であり、包括払い方式ともいわれている。

---

3 医療提供施設等の種類と特徴

Q 018 □□ 介護老人保健施設は、医療法上の〔　　　　〕施設である。

Q 019 □□ 診療所とは、入院設備がないものまたは入院のための病床数が〔　　〕床以下の施設のことである。

Q 020 □□ 病院とは、医療法上、病床数〔　　〕床以上を有する医業または歯科医業を行う施設のことである。

Q 021 □□ 特定機能病院は、〔　　　　　　〕の承認を得て、高度医療、最先端医療を提供する病院である。

Q 022 □□ 地域医療支援病院は、〔　　　　　　〕の承認を得て、救急医療の提供やかかりつけ医、かかりつけ歯科医との連携など、地域医療を支援する機能をもつ病院である。

Q 023 □□ 臨床研修を修了した医師または歯科医師が診療所を開設するときは、開設後〔　　　〕以内に都道府県知事に届け出なければならない。

Q 024 □□ 在宅療養支援病院の施設基準のひとつとして、〔　　　〕床未満または半径 4 km以内に診療所が存在しないことがある。

Q 025 □□ 介護医療院の利用は、主として長期にわたり療養が必要である〔　　　　〕を対象としている。

Q 026 □□ 介護医療院には、重篤な身体疾患を有する者及び身体合併症を有する認知症高齢者等を対象とする〔　〕型療養床がある。

A 018
医療提供

医療法上の医療提供施設は、「病院、診療所、介護老人保健施設、介護医療院、調剤を実施する薬局その他の医療を提供する施設」と定義されている。

A 019
19

診療所は、医師または歯科医師が、公衆または特定多数人のため医業または歯科医業を提供する場所であって、入院設備がないものまたは入院のための病床数が19床以下の施設とされている。

A 020
20

病院とは、医師または歯科医師が、公衆または特定多数人のため医業または歯科医業を行う場所であって、20人以上の患者を入院させる施設を有するものをいう。

A 021
厚生労働大臣

特定機能病院は、厚生労働大臣の承認を得て、高度の医療を提供し、高度の医療技術の開発・評価を行い、また、高度の医療に関する研修を行う病院である。

A 022
都道府県知事

地域医療支援病院は、都道府県知事の承認を得て、地域のかかりつけ医、かかりつけ歯科医等を支援する病院で、紹介患者に対する医療の提供や、救急医療の提供、地域医療従事者への研修設備の確保などの役割をもつ。

A 023
10日

臨床研修等修了医師や歯科医師が診療所を開設した際は、開設後10日以内に都道府県知事に届け出る。また、臨床研修等修了医師や歯科医師でない者が診療所を開設する際は、都道府県知事の許可を受けなければならない。

A 024
200

在宅療養支援病院の施設基準には、24時間連絡を受ける体制を確保していること、24時間往診可能であること、緊急時に入院できる病床を確保していることなどが掲げられている。

A 025
要介護者

介護医療院は、医療法上の医療提供施設かつ介護保険法上の介護保険施設であり、主に長期にわたり療養が必要である要介護者を対象としている。

A 026
I

介護医療院には、重篤な身体疾患を有する者及び身体合併症を有する認知症高齢者等を対象とするⅠ型療養床と、Ⅰ型療養床と比べて、比較的容態が安定した者を対象とするⅡ型療養床がある。

Q 027 □□ 地域包括ケア病棟は、〔　　〕期治療を経て、病状が安定した患者を対象にしている。

Q 028 □□ 災害拠点病院には、〔　　〕災害拠点病院と地域災害拠点病院がある。

4 保健・医療分野の専門職の役割

Q 029 □□ 医師は、自らの〔　　〕による調剤が認められている。

Q 030 □□ 看護師とは、〔　　　　　　〕の免許を受けて、傷病者もしくはじょく婦に対する療養上の世話または診療の補助を行うことを業とするものをいう。

Q 031 □□ 「地域における保健師の保健活動に関する指針」では、〔　　〕診断を実施し、取り組むべき健康課題を明らかにすると明記されている。

Q 032 □□ 理学療法士が行う理学療法とは、身体に障害のある者に対し、主としてその〔　　　〕動作能力の回復を図ることを目的としている。

Q 033 □□ 作業療法士の行う作業療法は、身体または〔　　〕に障害のある者を対象としている。

Q 034 □□ 言語聴覚士の業務の範囲には、人工〔　　〕の調整が含まれる。

A 027
急性

地域包括ケア病棟は、急性期治療を経て、病状が安定した患者を対象に、在宅や施設への復帰に向けて診療、看護、リハビリテーションを行うことを目的とした病棟である。

A 028
基幹

災害拠点病院には、地域の災害拠点病院の中核的役割を担う基幹災害拠点病院と地域災害拠点病院がある。基幹災害拠点病院は、原則として各都道府県に1か所、地域災害拠点病院は、原則として2次医療圏に1か所設置することになっている。

A 029
処方

調剤は、薬剤師の独占業務であるが、医師自らの処方による調剤は認められている。

A 030
厚生労働大臣

看護師は、保健師助産師看護師法に基づき、厚生労働大臣の免許を受けることとされている。

A 031
地域

「地域における保健師の保健活動に関する指針」では、「実態把握及び健康課題の明確化」として、保健師は、地域診断を実施し、取り組むべき健康課題を明らかにすると明記されている。

A 032
基本的

理学療法とは、身体に障害のある者に対し、主に基本的動作能力の回復を図るために、治療体操などの運動を行わせることや、電気刺激、マッサージ、温熱などの物理的手段を加えることをいう。

A 033
精神

作業療法は、身体または精神に障害のある者を対象に、主に応用的動作能力や社会的適応能力の回復を図ることを目的として行うものである。

A 034
内耳

言語聴覚士は、診療の補助として、医師または歯科医師の指示の下、嚥下訓練や人工内耳の調整などを行うことができる。

17

ソーシャルワークの基盤と専門職（専門）

ココ!確認　ポイント・チェック!

社会福祉士の職域

行政関係	地方自治体や国の行政機関で福祉関係の多岐にわたる仕事
福祉関係	・高齢者領域：老人福祉施設や地域での高齢者支援、介護予防活動など ・障害者領域：障害者支援機関での仕事、障害者の自立支援や施設運営など ・児童・母子領域：子どもや母子家庭への支援、保育施設や児童養護施設での勤務など ・生活困窮者自立支援・生活保護領域：生活困窮者や生活保護受給者への支援、福祉施設でのサポートなど
医療関係	医療ソーシャルワーカー（MSW）として、病院等で患者やその家族へのカウンセリング、社会的な支援の提供など
司法関係	虐待や家庭内の問題に関わるケースワーカーとして、児童相談所や家庭裁判所での仕事など。また、福祉専門官として、矯正施設（刑務所など）に収容された高齢者、障害を有する受刑者等の出所後の円滑な社会復帰のために必要な各種調整など
独立型事務所	個別の相談業務、コンサルティング、トレーニングプログラムの提供など個人で独立しての仕事

福祉行政等における専門職

□現業員と査察指導員の職務内容・役割

現業員	・福祉事務所長の指揮監督を受けて、要保護者の家庭訪問や面接、資産調査や保護の要否を判断する ・保護が必要な場合、受給する扶助の種類の判断や被保護者に対する生活指導等も行う ・生活指導は『生活保護法』第27条に規定する指導及び指示に該当する
査察指導員	福祉事務所長の指揮監督を受けて、現業事務の指導監督（スーパービジョン）を行う

※いずれも社会福祉主事でなければならない

□相談機関等に配置されている専門職の職務内容・役割

児童福祉司	児童相談所に配置義務。児童の保護その他児童の福祉に関する事項について、相談に応じ、専門的技術に基づいて必要な指導を行う
身体障害者福祉司	都道府県が設置する身体障害者更生相談所に配置義務。市町村が設置する福祉事務所は任意設置。身体障害者更生相談所の業務のうち、専門的な知識や技術を必要とするものを行う専門職。都道府県に配置される場合は市町村に対して、市町村に配置される場合は、福祉事務所の所員に対して技術的・専門的な指導を行う。
知的障害者福祉司	都道府県が設置する知的障害者更生相談所に配置義務。市町村が設置する福祉事務所は任意設置。知的障害者更生相談所の業務のうち、専門的な知識や技術を必要とするものを行う専門職。都道府県に配置される場合は市町村に対して、市町村に配置される場合は、福祉事務所の所員に対して技術的・専門的な指導を行う

ソーシャルワーク実戦における対象（レベル）

ミクロレベル	・個人や家族が対象 ・人権侵害や自己実現が阻害されている状況などに直接介入することで、問題の解決と目標達成を目指す
メゾレベル	・グループ、組織、地域住民が対象 ・ミクロレベルよりもさらに広い範囲（学校や職場、自治体など）に対してアプローチし、社会的排除などに着目する
マクロレベル	・社会や国家、制度・政策が対象 ・ミクロ、エクソレベルのニーズを社会全体のものとして捉え、社会全体の変革・向上や福利の増進を志向する

一問一答 ＋穴埋めドリル！

1　福祉行政等における専門職

Q 001 □□
福祉事務所の現業を行う所員（現業員）は、〔　　　　　　〕でなければならない。

Q 002 □□
指導監督を行う所員（査察指導員）は、〔　　　　　　〕の指揮監督を受けて、現業員の指導監督を行う。

Q 003 □□
現業を行う所員（現業員）は、〔　　　　　　〕の指揮監督を受けて、援護、育成又は更生の措置を要する者等に対する生活指導などを行う。

Q 004 □□
児童福祉司は、〔　　　　　　〕に配置義務がある。

Q 005 □□
身体障害者福祉司は、〔　　　　　　〕に配置義務がある。

Q 006 □□
知的障害者福祉司は、〔　　　　　　〕に配置義務がある。

A 001 社会福祉主事

福祉事務所の現業を行う所員（現業員）と指導監督を行う所員（査察指導員）は、社会福祉主事でなければならない。

A 002 福祉事務所長

査察指導員は、福祉事務所長の指揮監督を受けて、現業員の指導監督を行う。

A 003 福祉事務所長

現業員は、要保護者の家庭訪問や面接、資産調査や保護の要否を判断する・保護が必要な場合、受給する扶助の種類の判断や被保護者に対する生活指導等も行う。

A 004 児童相談所

児童福祉司は、児童相談所に配置義務がある。児童の保護その他児童の福祉に関する事項について、相談に応じ、専門的技術に基づいて必要な指導を行う。

A 005 身体障害者更生相談所

身体障害者福祉司は、都道府県が設置する身体障害者更生相談所に配置義務がある。市町村が設置する福祉事務所は任意設置。身体障害者更生相談所の業務のうち、専門的な知識や技術を必要とするものを行う専門職。都道府県に配置される場合は市町村に対して、市町村に配置される場合は、福祉事務所の所員に対して技術的・専門的な指導を行う。

A 006 知的障害者更生相談所

知的障害者福祉司は、都道府県が設置する身体障害者更生相談所に配置義務がある。市町村が設置する福祉事務所は任意設置。知的障害者更生相談所の業務のうち、専門的な知識や技術を必要とするものを行う専門職。都道府県に配置される場合は市町村に対して、市町村に配置される場合は、福祉事務所の所員に対して技術的・専門的な指導を行う。

2 ミクロ・メゾ・マクロレベル

Q 007
□□
個人・家族に対するソーシャルワークを〔　　　〕レベルのソーシャルワークという。

Q 008
□□
グループ、地域住民、身近な組織を対象として、あるいはそれら集団を媒介として援助を行うソーシャルワークを〔　　　〕レベルのソーシャルワークという

Q 009
□□
生活課題の背景にある社会的問題の解決に向け、地域社会、国家、制度・政策、社会規範、地球環境等を対象として、あるいはそれらを媒体として援助を行うソーシャルワークを〔　　　〕レベルのソーシャルワークという。

Q 010
□□
地域包括支援センターの社会福祉士による一人暮らしの高齢者を集めた生きがいづくりのためのプログラム活動は、〔　　　〕レベルのソーシャルワークに該当する。

Q 011
□□
医療機関における医療ソーシャルワーカーによる入院中のクライエントへの相談支援は、〔　　　〕レベルのソーシャルワークに該当する。

Q 012
□□
社会福祉協議会の職員と民生委員による「福祉マップ」の作成は、〔　　　〕レベルのソーシャルワークに該当する。

Q 013
□□
NPO法人のスタッフと地域住民による高齢者の見守り活動は、〔　　　〕レベルのソーシャルワークに該当する。

A 007
ミクロ

ミクロレベルのソーシャルワークとは、個人・家族に対するソーシャルワークをいう（個別援助、ケースワーク）。生活課題をかかえ、援助を必要とする人（クライエント）を個別に援助するものである。

A 008
メゾ

メゾレベルのソーシャルワークとは、グループ、地域住民、身近な組織を対象として、あるいはそれら集団を媒介として援助を行うソーシャルワークをいう（集団援助、グループワーク）。介護保険制度においても、通所サービスや施設サービスで、集団で行うリハビリテーションやレクリエーションの場面で活用される技術である。

A 009
マクロ

マクロレベルのソーシャルワークとは、生活課題の背景にある社会的問題の解決に向け、地域社会、国家、制度・政策、社会規範、地球環境等を対象として、あるいはそれらを媒体として援助を行うソーシャルワークをいう（地域援助、コミュニティワーク）。地域の生活課題を地域社会が自ら解決していくことを援助する活動といえる。

A 010
メゾ

地域包括支援センターの社会福祉士による一人暮らしの高齢者を集めた生きがいづくりのためのプログラム活動は、複数の高齢者という集団を対象としているので、メゾレベルのソーシャルワーク（集団援助）に該当する。

A 011
ミクロ

医療機関における医療ソーシャルワーカーによる入院中のクライエントへの相談支援は、医療ソーシャルワーカー（援助者）と患者（クライエント）の相談面接なので、ミクロレベルのソーシャルワーク（個別援助）に該当する。

A 012
マクロ

社会福祉協議会の職員と民生委員による「福祉マップ」の作成は、地域の社会福祉協議会と民生委員による活動なので、マクロレベルのソーシャルワーク（地域援助）に該当する。

A 013
マクロ

NPO法人のスタッフと地域住民による高齢者の見守り活動は、地域住民の生活課題を地域社会が自ら解決していくことを援助するマクロレベルのソーシャルワーク（地域援助）に該当する。

18

ソーシャルワークの理論と方法（専門）

ココ!確認 ポイント・チェック!

代表的なコミュニケーション技法の特徴

自己開示	利用者が援助者自身を理解し、安心できるよう、援助者の名前、所属、役割等を利用者に説明すること
表現の明確化	利用者が表現できない内容を、援助者が汲み取って明確に表現すること
傾聴	利用者の話を、感情や価値観なども含めて、受容的かつ総合的に聴くこと
要約	援助者が利用者の発言内容をまとめながら表現すること
反復	利用者が話した内容を、援助者がそのまま繰り返して返答すること
沈黙	利用者が考える時間をもつために、援助者が意図的に黙ること

バイステックの7原則

個別性尊重	援助者は利用者を個人としてとらえ、個別の問題の状況に応じて対応する
意図的な感情の表出	援助者は、利用者が考えや感情を自由に表現できるように働きかけなければいけない
統制された情緒的関与	援助者は、利用者に対する自らの感情を吟味しながら、利用者が表現した感情を受容的・共感的に受け止める
受容	援助者は、利用者をありのままに受け入れるように努めなければいけない
非審判的態度	援助者は、利用者の言動を批判・攻撃したり、援助者の価値観や倫理観を利用者に押しつけたりしない
自己決定	援助者は、利用者が自らの意思に基づいて決定できるように支援していく
秘密保持	援助者は、援助関係のなかで知り得た情報を、他人に漏らしてはならない

援助過程で生じる感情

転移	クライエントがかつて抱いていたさまざまな感情を、援助者に向ける（投影する）こと →転移を援助関係の進展に活用することは可能
逆転移	援助者がかつて抱いていたさまざまな感情を、クライエントに向けること →逆転移は避けるべきもの
選好感情	援助者が自らの好みでクライエントを序列化したり、偏った気持ちで見たりすること

アウトリーチの効果

ニーズの発見と掘り起こし	・クライエント自身が自らの課題やニーズを理解できるように働きかける（生理的・安全のニーズだけでなく、社会的ニーズに対するアプローチも含む） ・未発見の課題を見つけることにもつながる
必要なサービスの利用促進	サービスに消極的・拒否的であったとしても、サービスに関する情報を提供することで、必要なサービス利用につながる
ネットワークの構築	ケースを通して多様な関係機関と連携し、ネットワークを構築することができる

社会資源の調整手順

事前評価　クライエントのニーズや希望に関する事前評価（アセスメント）をする

↓

社会資源の選択　どのような社会資源が存在するかを確認し、必要な社会資源を選択する

↓

社会資源の提供　社会資源の組合せ、活用の時期や頻度を考慮して提供する

見直しと調整　社会資源の提供状況をモニタリングし、必要に応じて見直しと調整

一問一答 ＋穴埋めドリル！

1 面接技術

Q 001 □□

援助者とクライエントとの信頼関係を、〔　　　　〕という。

Q 002 □□

〔　　　　〕質問は、クライエントが自分の考えや気持ちを表現できるように促すために用いる。

Q 003 □□

相談援助の面接場面で活用する専門的な応答技法として、相手の発言の情緒的な面を言葉にして返す技法を〔　　　　〕という。

Q 004 □□

うなずいたり、相手の話を促す応答技法を〔　　　〕という。

Q 005 □□

クライエントの語りをソーシャルワーカーが明確にして返す面接技法を〔　　　　〕という。

Q 006 □□

クライエントが発言した言葉を援助者の言葉で言い換える応答技法を、〔　　　　〕という。

Q 007 □□

複雑に絡み合う多くの現実の要素をクライエントと一緒に点検して整理することを、〔　　　　〕という。

Q 008 □□

バイステックの７原則の１つで、クライエントの問題やおかれている状況の違いを理解し、一人ひとりが異なる人、異なる状況であると捉え、個別的に対応することを、〔　　　　〕の原則という。

A 001 ラポール

ラポールとは、援助者とクライエントとの信頼関係のことで、対人援助における人間関係の基礎になる。

A 002 開かれた

クライエントが自分の考えや気持ちを表現できるように促すために用いるのは、開かれた質問（オープンクエスチョン）である。

A 003 感情の反映（反射）

相手の発言の情緒的な面を言葉にして返す技法は感情の反映（反射）である。

A 004 促し

うなずいたり、相手の話を促す応答技法は促しである。

A 005 明確化

明確化とは、クライエントの語りをソーシャルワーカーが明確にして返すことである。

A 006 言い換え

言い換えは、クライエントの気づきを促すために有効である。

A 007 焦点化

焦点化は、面接を問題解決の方向に導いていくための方法である。クライエントが話した内容を、整理して伝える。

A 008 個別化

「個別化の原則」とは、クライエントを独自性のある特定の個人としてとらえ、その人の状況を理解し、立場を十分に尊重することをいう。

Q 009 □□
バイステックの７原則の１つで、援助者自身の感情を念入りに調べ、十分に吟味・把握したうえで、クライエントに接することを、〔　　　　　　　　〕の原則という。

Q 010 □□
バイステックの７原則の１つで、クライエントの態度や言動、価値観などをありのままに受け入れることを、〔　　〕の原則という。

Q 011 □□
バイステックの７原則の１つで、援助者自らの価値観を基に、クライエントを批判したり攻撃したりしないことを、〔　　　　　　〕の原則という。

Q 012 □□
バイステックの７原則の１つで、クライエント自身が自らの人生に関する選択と決定ができるように援助することを、〔　　　　〕の原則という。

Q 013 □□
バイステックの７原則の１つで、クライエントがあらゆる感情（否定的な感情を含む）を自由に表出・表現できるように働きかけることを、〔　　　　　　　〕の原則という。

Q 014 □□
インテーク面接の主な目的は、〔　　　　〕の構築と主訴の把握である。

Q 015 □□
クライエントの考え方について、援助者がクライエントの立場に立って理解しようとすることを、〔　　〕という。

Q 016 □□
クライエント自身が見つめ直す必要のある感情や言動に対して、向かい合うきっかけをつくるために、質問を投げかける技法を〔　　　〕という。

Q 017 □□
〔　　　　〕・クエスチョンによって、問題が解決した後の生活の様子や気持ちについて、クライエントの想像を促す。

A 009 統制された情緒的関与

「統制された情緒的関与の原則」とは、援助者が自らの感情を自覚、吟味し、クライエントの感情に対して適切に反応することをいう。

A 010 受容

受容の原則とは、クライエントの反社会的行動や逸脱を同調・許容することではなく、クライエントのそのような側面も認識し理解するという意味である。

A 011 非審判的態度

「非審判的態度の原則」とは、クライエントを一方的に非難したり、判断しないことをいう。

A 012 自己決定

「自己決定の原則」とは、クライエント本人の意思や意見、決定を尊重することをいう。

A 013 意図的な感情表出

「意図的な感情表出の原則」とは、クライエントのありのままの感情を大切にし、自由に気持ちを表現できるように援助者が働きかけることをいう。

A 014 信頼関係

インテーク面接は、受理面接や初回面接とも呼ばれるものであり、主な目的は、信頼関係（ラポール）の構築と主訴の把握である。

A 015 共感

共感とは、クライエントの考え方について、援助者がクライエントの立場に立って理解しようとすることをいい、面接場面においては、クライエントの気持ちに寄り添い、その感情を共有し、理解する。

A 016 直面化

直面化とは、クライエントが目を背けていることに気づかせる技法をいう。

A 017 ミラクル

ミラクル・クエスチョンは、問題解決した後の生活や、問題が起こらなかった場合の様子や気持ちを、クライエントに想像してもらうものである。

Q 018 □□ アイメッセージでは、援助者を〔　　〕にした言い方をする。

Q 019 □□ クライエントがかつて抱いていたさまざまな感情を、援助者に向けることを〔　　〕という。

Q 020 □□ 援助者がかつて抱いていたさまざまな感情を、クライエントに向けることを〔　　〕という。

2 アウトリーチ

Q 021 □□ クライエントが相談に来るのを待つのではなく、援助者側が出向いて働きかけをする手法を〔　　〕という。

Q 022 □□ アウトリーチによる対応には、支援のための〔　　〕の構築が含まれる。

Q 023 □□ アウトリーチは、慈善組織協会（COS）の〔　　〕活動に起源をもつ。

A 018
主語
アイメッセージとは、「私は～だと思います」というような援助者を主語にした言い方をする技法である。

A 019
転移
クライエントが自分の親や子などに向けていた無意識な感情や葛藤を、援助者に対して向けるようになることを転移という。転移を援助関係の進展に活用することは可能とされる。

A 020
逆転移
援助者が自分の親や子などに向けていた無意識な感情や葛藤を、クライエントに対して向けるようになることを逆転移という。逆転移は避けるべきものとされる。

A 021
アウトリーチ
アウトリーチとは、サービス利用に関して消極的・拒否的な人、地域から孤立している人に対し、住まいや地域に積極的に出向き働きかけをすることで、クライエント自身の課題解決やサービス利用に向けた動機づけを行うことをいう。

A 022
ネットワーク
アウトリーチの方法として、①家庭への個別訪問による実態把握、②自治会や民生委員とのネットワーク形成、③関係機関や地域住民に対する啓発活動などが挙げられる。

A 023
友愛訪問員
アウトリーチは、慈善組織協会（COS）の友愛訪問員活動に起源をもつ。友愛訪問員（フレンドリービジター）は、貧困者のもとに訪問して援助活動を行った。

19

福祉サービスの組織と経営

ココ!確認 ポイント・チェック!

社会福祉法人の特徴

機関の設置	・評議員、評議員会、理事、理事会、監事を置かなければならない ・定款の定めによって、会計監査人を置くことができる ※特定社会福祉法人については、会計監査人を置かなければならない
役員	・役員として、理事は 6 人以上、監事は 2 人以上でなければならない ・任期は、選任後 2 年以内に終了する会計年度のうち最終のものに関する定時評議員会の終結の時までを基本としている
評議員	・評議員は、社会福祉法人の適正な運営に必要な識見を有する者のうちから、定款の定めるところによって選任する ・任期は、選任後 4 年以内に終了する会計年度のうち最終のものに関する定時評議員会の終結の時までを基本とする
会計監査人の資格等	・公認会計士または監査法人でなければならない ・会計監査人に選任された監査法人は、その社員の中から会計監査人の職務を行うべき者を選定し、これを社会福祉法人に通知しなければならない ・任期は、選任後 1 年以内に終了する会計年度のうち最終のものに関する定時評議員会の終結の時までとする
会計	・会計年度は、 4 月 1 日に始まり、翌年 3 月31日に終わるものとする ・毎会計年度終了後 3 か月以内に、各会計年度に係る**貸借対照表**や**収支計算書**、**事業報告**、**附属明細書**を作成しなければならない ・会計帳簿の閉鎖の時から10年間、その**会計帳簿**及び**その事業に関する重要な資料**を保存しなければならない

社会福祉法人の解散の事由

・理事の 3 分の 2 以上の同意及び定款でさらに評議員会の議決を要するものと定められている場合には、その議決
・定款に定めた解散事由の発生　・目的たる事業の成功の不能
・合併　・破産手続開始の決定　・所轄庁の解散命令

特定非営利活動法人（NPO法人）の特徴

原則	・特定の個人または法人その他の団体の利益を目的として、その事業を行ってはならない ・特定非営利活動法人を特定の政党のために利用してはならない
名称の使用制限	・特定非営利活動法人以外の者は、その名称中に、「特定非営利活動法人」またはこれに紛らわしい文字を用いてはならない
住所	・特定非営利活動法人の住所は、その主たる事務所の所在地にあるものとする
登記	・特定非営利活動法人は、政令で定めるところにより、登記しなければならない ・登記しなければならない事項は、登記後でなければ、これをもって第三者に対抗することができない

NPO法人の解散の事由

・社員総会において、定款に特別の定めのある場合のほか、社員総数の 4 分の 3 以上が解散の承諾をした場合　・定款で定めた解散事由の発生
・目的とする特定非営利活動に係る事業の成功の不能　・社員の欠亡
・合併　・破産手続開始の決定　・所轄庁による設立の認証の取消し

ＰＭ理論（提唱者：三隅二不二）

三隅二不二《じゅうじ》のリーダーシップのＰＭ理論では、目標達成能力（パフォーマンス）をリーダーシップのＰ行動といい、集団維持能力（メンテナンス）をリーダーシップのＭ行動という。

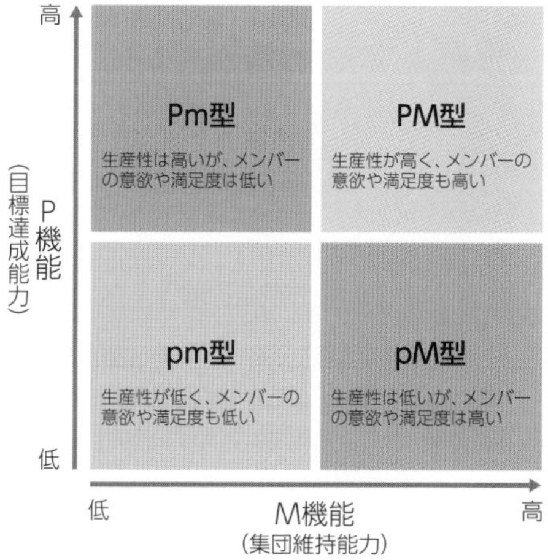

PDCAサイクル

ＰＤＣＡサイクルは、生産過程の改善を目的とする管理手法であり、すべての業務における管理の基本として活用することが可能であるとされており、サービスの品質管理においても活用することができる。

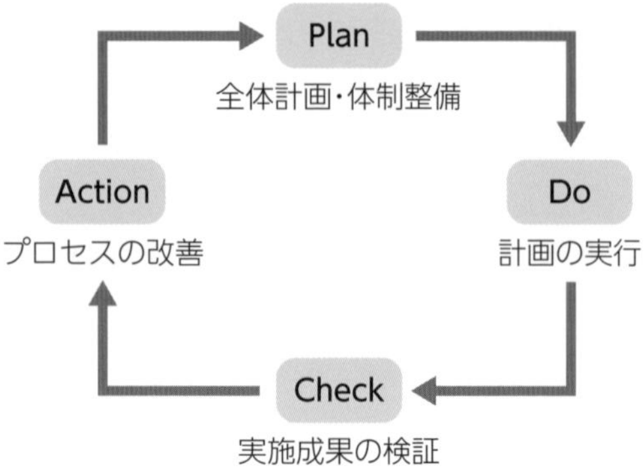

法人の主な財務諸表

貸借対照表	バランスシートとも呼ばれ、資金の調達や資産への投入状況をみるために、当該会計年度末現在における資産、負債及び純資産の状態を表示するもの
資金収支計算書	事業の収支の状態や継続性をみるために、当該会計年度における支払資金の増加及び減少の状況を表示するもの
財産目録	一定時点についての法人が保有する資産と負債を、区分や種類別に一覧にして、個別に価額を記載したもの

人事考課で主に留意すべき点

寛大化傾向	甘い評価をしてしまう傾向
中心化傾向	大部分について「普通」や「平均的」と評価し、優劣の差をつけることを避ける傾向
厳格化傾向	評価が一般に基準以上に厳しくなる傾向
ハロー効果	被評価者に対する全体的な印象または何か１つの印象から、個々の特性を同じように評価する傾向
対比誤差	自分の能力を基準にして評価する傾向
論理誤差	評価する段階で自分の論理をもち込み、関連がありそうな評価要素に同一または類似した評価をしてしまう傾向
逆算化傾向	全体評価から逆算して評価をつくり上げる傾向

レヴィンによるリーダーシップの3類型

専制型リーダーシップ	意思決定から具体的な指示まで、組織の運営に関わる全体をリーダーシップが執り行うタイプ
放任型リーダーシップ	リーダーは組織に対して積極的に働きかけないタイプ
民主型リーダーシップ	リーダーの調整のもと、メンバー内での討議により組織としての意思決定を行い、人間関係を友好的に保つために配慮し、集団目標の達成に向けてメンバーを統合するタイプ

キャリア形成

キャリアパス	組織が個人にふさわしいキャリア展開を前もって計画すること
キャリアプラトー	年数が経つにつれてキャリアの高原状態に入ること
キャリアアンカー	職業や経歴といったキャリアを選択する際に、犠牲にしたくない能力、動機、価値観などのこと

育児・介護休業

	育児休業	介護休業
定義	労働者がその1歳に満たない子を養育するために取得する休業	労働者がその要介護状態にある家族を介護するために取得する休業
要件	・当該事業主に引き続き雇用された期間が1年以上あること ・養育する子の1歳に到達する日を超えて、引き続き雇用されることが見込まれる者であること	・当該事業主に引き続き雇用された期間が1年以上あること ・介護休業を93日取得した後、引き続き雇用されることが見込まれる者
対象	原則：1歳到達前の子 ※子が1歳6か月に達する日前まで延長することができる。さらに1歳6か月以降も認可保育園等に入れない等の場合は最長2歳まで再延長できる。	配偶者、父母及び子、同居して扶養している祖父母、兄弟姉妹及び孫、配偶者の父母
回数	子1人につき1回	家族1人につき、要介護状態に至るごとに1回

一問一答 ＋穴埋めドリル！

1 社会福祉法人

Q 001 □□
社会福祉法人は、主たる事務所の所在地において設立の〔　　　〕をすることによって成立する。

Q 002 □□
第一種社会福祉事業の経営主体は、原則として国、〔　　　　　〕、社会福祉法人に限られる。

Q 003 □□
社会福祉法人は、提供する福祉サービスの質の向上及び〔　　　　　〕の透明性の確保を図らなければならない。

Q 004 □□
社会福祉法人は、他の社会福祉法人と合併することができ、吸収合併と〔　　　〕合併がある。

Q 005 □□
社会福祉法人は、その経営する社会福祉事業に支障がない限り、公益事業と〔　　　〕事業を行うことができる。

Q 006 □□
社会福祉法人は、評議員会の決議、定款に定めた解散事由の発生、目的たる事業の成功の不能、合併、破産手続開始の決定、〔　　　　　〕の解散命令によって解散する。

Q 007 □□
社会福祉法人の役員の選任は、〔　　　　　　〕の決議を必要とする。

Q 008 □□
評議員の任期は、原則として選任後〔　〕年以内に終了する会計年度のうち最終のものに関する定時評議員会の終結の時までとする。

A 001 登記

社会福祉法人を設立するには、所轄庁（主たる事務所がある都道府県の知事）の認可を受け、設立の登記をすることが必要である。

A 002 地方公共団体

第一種社会福祉事業の経営主体は、原則として国、地方公共団体、社会福祉法人に限られているが、第二種社会福祉事業の経営主体についての規定はなく、社会福祉法人に限られるものではない。

A 003 事業経営

社会福祉法人は、自主的にその経営基盤の強化を図るとともに、提供する福祉サービスの質の向上及び事業経営の透明性の確保を図らなければならない。

A 004 新設

新設合併においては、新設合併契約をもって、規定の事項を定める必要があり、新設合併消滅社会福祉法人の権利義務は、新法人の成立の日に新設合併設立社会福祉法人が一切を継承する。

A 005 収益

公益事業及び収益事業は、「社会福祉事業に対して従たる地位にある」ことが前提であるため、年間事業費や規模で社会福祉事業を超える事業運営はできない。

A 006 所轄庁

解散した社会福祉法人の残余財産は、定款で定めた者に帰属する。なお、定款に定めのない場合については、国庫に帰属する。

A 007 評議員会

社会福祉法人の役員や会計監査人の選任は、評議員会の決議を必要とする。

A 008 4

評議員の任期は、選任後4年以内に終了する会計年度のうち最終のものに関する定時評議員会の終結の時までとし、定款によって伸長することも可能としている。

Q 009 □□ 社会福祉法人の理事は6人以上、監事は〔　〕人以上でなければならない。

Q 010 □□ 社会福祉法人の役員の任期は、選任後〔　〕年以内としている。

2 特定非営利活動法人

Q 011 □□ 特定非営利活動法人の認証にあたっては、社員のうち〔　〕人以上の者の氏名等を提出しなければならない。

Q 012 □□ 特定非営利活動法人の理事は〔　〕人以上、監事は1人以上でなければならない。

Q 013 □□ 特定非営利活動法人の解散時の残余財産は、〔　　〕で定めた者等に帰属する。

Q 014 □□ 特定非営利活動法人の役員の任期は、選任後〔　〕年以内としている。

Q 015 □□ 特定非営利活動法人において役員に報酬を支払うことができるのは、役員総数の〔　　　　〕以下までである。

Q 016 □□ 社員総会において、定款に特別の定めのある場合のほか、社員総数の〔　　　　〕以上が解散の承諾をした場合には、解散する。

Q 017 □□ 特定非営利活動法人の所轄庁は、原則として〔　　　　〕となる。

A 009 2

社会福祉法人の理事は6人以上、監事は2人以上でなければならない。

A 010 2

社会福祉法人の役員（理事及び監事）の任期は、選任後2年以内に終了する会計年度のうち最終のものに関する定時評議員会の終結の時までを基本としている。

A 011 10

特定非営利活動法人の認証にあたっては、社員のうち10人以上の者の氏名等を提出しなければならない。

A 012 3

特定非営利活動法人の理事は3人以上、監事は1人以上でなければならない。

A 013 定款

定款で帰属先を規定する場合には、他の特定非営利活動法人、国または地方公共団体、公益社団法人または公益財団法人、学校法人などから選定する。定款で定めた者に帰属しない場合及び国または地方公共団体に譲渡しない場合は、残余財産は国庫に帰属する。

A 014 2

特定非営利活動法人の役員（理事及び監事）の任期は、選任後2年以内において定款で定める期間とする。ただし、再任を妨げない。

A 015 3分の1

特定非営利活動法人の認証の要件において、役員のうち報酬を受ける者の数は、役員総数の3分の1以下とされている。

A 016 4分の3

特定非営利活動法人は、設問のほか、定款で定めた解散事由の発生、目的とする特定非営利活動に係る事業の成功の不能、社員の欠亡、合併、破産手続開始の決定、所轄庁による設立の認証の取消し、の事由により解散する。

A 017 都道府県知事

特定非営利活動法人の所轄庁は、原則として都道府県知事となる。ただし、1つの指定都市の区域内のみに事務所をおく場合は、指定都市の長となる。

3 リーダーシップ

Q 018 □□
三隅《みすみ》二不二《じゅうじ》のリーダーシップのＰＭ理論では、目標達成能力をリーダーシップの〔　〕行動という。

Q 019 □□
三隅二不二のPM理論においては、目標達成と集団の維持のどちらにも力を発揮する理想的なリーダーは、〔　　〕型となる。

Q 020 □□
コンティンジェンシー理論では、課題志向型と〔　　　　〕志向型の２つの行動を重視する。

Q 021 □□
ハーシーとブランチャードは、仕事に対する部下の能力や成熟度によって、有効なリーダーのスタイルが異なるという〔　　〕理論（状況的リーダーシップ理論）を提唱した。

Q 022 □□
フォロワーシップ理論では、フォロワーの〔　　　〕を引き出すリーダーの役割を重視する。

Q 023 □□
〔　　　　　　〕理論では、メンバーの目標達成のための道筋を明示することが、リーダーシップの本質であるとしている。

Q 024 □□
マネジリアル・グリッドでは、「人に対する関心」と「業績に対する関心」の２軸で類型化し、〔　　　〕型が最も理想的なリーダーシップスタイルであるとしている。

A 018
P

三隅二不二のリーダーシップのＰＭ理論では、目標達成能力（パフォーマンス）をリーダーシップのＰ行動という。また、リーダーシップのＭ行動は、集団維持能力（メンテナンス）を指す。

A 019
PM

目標達成に対する指向は強いが、集団の維持には向かないリーダーは、Pm型、集団の維持に関しては力を発揮するが、目標達成には消極的なリーダーは、pM型、目標達成と集団の維持のどちらも劣るリーダー失格タイプは、pm型となる。

A 020
人間関係

おかれた状況や環境によってリーダーの有効性は異なるというコンティンジェンシー理論（条件適合理論）を提唱した、フィードラーは、リーダーの行動には、業績追求に関する行動志向性を表す課題志向型と、集団の調和を重視する行動志向性を表す人間関係志向型の２つがあるとした。

A 021
SL

ハーシーとブランチャードは、SL理論（状況的リーダーシップ理論）で、仕事に対する部下の能力や成熟度によって、有効なリーダーのスタイルが異なるとした。

A 022
自律性

フォロワーシップ理論では、組織や集団の目的達成に向けてフォロワーがリーダーを補佐する能力や機能のことをフォロワーシップといい、フォロワーの自律性を引き出すリーダーの役割を重視する。

A 023
パス・ゴール

ハウスが提唱したパス・ゴール理論は、メンバーの目標達成のための道筋を明示することが、リーダーシップの本質であるとし、リーダーシップのスタイルを指示型、支援型、参加型、達成志向型の４類型に区分した。

A 024
９・９

マネジリアル・グリッド理論では、「人に対する関心」と「業績に対する関心」の２軸で類型化し、「９・９型」が最も理想的なリーダーシップのスタイルであるとしている。

4 福祉サービスの管理運営

Q 025 □□

サービスマネジメントとは、顧客の〔　　　　〕に合致したサービスを提供し、品質や価値を確保するための管理・取組をいう。

Q 026 □□

マーケティングの4つのPとは、Product（製品）、Price（価格）、〔　　　　　　〕（流通）、Promotion（プロモーション）のことである。

Q 027 □□

健全かつ効率的な企業経営を目指すための仕組みのことを〔　　　　　　〕という。

Q 028 □□

アカウンタビリティとは、ステークホルダーに対する〔　　〕責任を指す。

Q 029 □□

組織が個人にふさわしいキャリア展開を前もって計画することをキャリア〔　　　〕という。

Q 030 □□

自分のキャリアパスやキャリアプランを考えるにあたって、最も価値をおく基準や価値観のことを、キャリア〔　　〕という。

Q 031 □□

年数が経つにつれてキャリアの高原状態に入ることを、キャリア〔　　　　　〕という。

Q 032 □□

人事考課において、ある対象を評価する際に、部分的で際立った特性が、全体の評価に及んでしまうことを〔　　　　〕効果という。

A 025 ニーズ

サービスは、ニーズの把握 → アセスメント → 個別支援計画の作成・実施 → 中間評価と修正→ 終了時評価のプロセスを経て提供される。

A 026 Place

マーケティングは、Product（製品：どんな商品を売るか）、Price（価格：いくらで商品を売るか）、Place（流通：どこで商品を売るか）、Promotion（プロモーション：どのように商品を売るか）、という４つのＰを軸として展開される。

A 027 ガバナンス

ガバナンスは、統治と訳されるものであり、健全かつ効率的な企業経営を目指すための仕組みのことを指す。非営利組織においても、その確立が求められている。

A 028 説明

アカウンタビリティは、アカウンティング（会計）とレスポンシビリティ（責任）を合わせた造語で、ステークホルダー（株主・経営者・従業員・顧客・取引先等の利害関係者）に対する（会計）説明責任のことである。

A 029 パス

キャリアパスとは、仕事上の経験やスキルを積み上げげながら自らの能力を高めていくための順序を系統立てて示した道筋をいう。

A 030 アンカー

キャリアアンカーとは、キャリアを選択したり、決定したりする際に、譲ることのできない動機、価値観、能力などをさす。

A 031 プラトー

キャリアプラトーとは、昇進や昇格といったキャリアの向上が停滞し、キャリア向上に対する意欲や機会の喪失を招くことをいう。

A 032 ハロー

人事評価におけるハロー効果（後光効果）とは、学歴や見た目といった目立つ特徴に影響されて既存の評価が変わることである。ハロー効果は、一部の良い印象だけで高評価を受けたり、一部の悪い印象だけで低評価を受けたりする特徴がある。

Q 033 □□
人事考課において上司だけでなく、同僚や先輩、後輩、顧客などの複数の関係者の視点で評価することを〔　　　　　〕評価という。

5 組織の経営・会計

Q 034 □□
社会福祉法人は、〔　　　　　〕及び附属明細書並びに財産目録を作成し、毎会計年度終了後2か月以内に理事会（評議員会を含む）の承認を受けなければならない。

Q 035 □□
〔　　　　　　　　〕は、事業の収支の状態や継続性をみるために、当該会計年度における支払資金の増加及び減少の状況を表示するものである。

Q 036 □□
社会福祉法人は、社会福祉充実残額が生じた場合は、〔　　　　　〕計画を策定する必要がある。

Q 037 □□
貸借対照表は、〔　　　　　〕シートとも呼ばれるものである。

Q 038 □□
貸借対照表の借方は、その会社の〔　　　〕を示す。

Q 039 □□
固定資産（土地と建設仮勘定を除く）の取得原価をその耐用年数にわたり費用化する手続を〔　　　　　〕という。

A 033
360度

360度評価（多面評価制度）とは、上司だけでなく、同僚や先輩、後輩、顧客などの複数の関係者の視点で評価するものである。人事考課を補う目的で人事考課の結果を、被評価者にフィードバックすることで、評価の納得性を高め、職員の育成や能力開発に役立てることができる。

A 034
財務諸表

財務諸表（資金収支計算書、事業活動計算書、貸借対照表）と財産目録については、毎会計年度終了後3か月以内に所轄庁に提出しなければならない。

A 035
資金収支計算書

事業の収支の状態や継続性をみるために、当該会計年度における支払資金の増加及び減少の状況を表示するものは、資金収支計算書である。

A 036
社会福祉充実

社会福祉充実残額とは、全財産（貸借対照表上の純資産から基本金・国庫補助等積立金を除いたもの）から、事業継続に必要な最低限の財産（控除対象財産額）を引いたうえで、再投下可能な財産（社会福祉充実財産）額のことをいう。社会福祉充実財産が生じる場合には、社会福祉充実計画を策定し、計画的に既存事業の充実や新規事業に活用しなければならない。

A 037
バランス

貸借対照表は、バランスシートとも呼ばれ、資金の調達や資産への投入状況をみるために、当該会計年度末現在における資産、負債及び純資産の状態を表示するものである。

A 038
資産

貸借対照表の借方には、資産の部（流動資産と固定資産）を計上し、貸方には、負債の部（負債と純資産）を計上する。

A 039
減価償却

減価償却は、時の経過や使用により劣化が生じる固定資産を取得した際に、取得費用をその耐用年数に応じて費用計上していく会計上の手続きのことである。

MEMO

2025年版《ねんばん》　みんなが欲《ほ》しかった！
社《しゃ》会《かい》福《ふく》祉《し》士《し》の一《いち》問《もん》一《いっ》答《とう》＋《ぷらす》穴《あな》埋《う》めドリル！

（2021年版 2020年 6 月23日　初版　第 1 刷発行）

2024年 5 月21日　初版　第 1 刷発行

編　著　者　TAC社会福祉士受験対策研究会
発　行　者　多　田　敏　男
発　行　所　TAC株式会社　出版事業部
（TAC出版）

〒101-8383
東京都千代田区神田三崎町3-2-18
電話 03（5276）9492（営業）
FAX 03（5276）9674
https://shuppan.tac-school.co.jp/

組　版　株式会社　グ　ラ　フ　ト
印　刷　今 家 印 刷 株 式 会 社
製　本　株式会社　常　川　製　本

ISBN 978-4-300-11081-2
N.D.C. 369

乱丁・落丁による交換，および正誤のお問合せ対応は，該当書籍の改訂版刊行月末日までといたします。なお，交換につきましては，書籍の在庫状況等により，お受けできない場合もございます。
また，各種本試験の実施の延期，中止を理由とした本書の返品はお受けいたしません。返金もいたしかねますので，あらかじめご了承くださいますようお願い申し上げます。

TAC出版 書籍のご案内

TAC出版では、資格の学校TAC各講座の定評ある執筆陣による資格試験の参考書をはじめ、資格取得者の開業法や仕事術、実務書、ビジネス書、一般書などを発行しています！

TAC出版の書籍

＊一部書籍は、早稲田経営出版のブランドにて刊行しております。

資格・検定試験の受験対策書籍

- 日商簿記検定
- 建設業経理士
- 全経簿記上級
- 税　理　士
- 公認会計士
- 社会保険労務士
- 中小企業診断士
- 証券アナリスト
- ファイナンシャルプランナー(FP)
- 証券外務員
- 貸金業務取扱主任者
- 不動産鑑定士
- 宅地建物取引士
- 賃貸不動産経営管理士
- マンション管理士
- 管理業務主任者
- 司法書士
- 行政書士
- 司法試験
- 弁理士
- 公務員試験(大卒程度・高卒者)
- 情報処理試験
- 介護福祉士
- ケアマネジャー
- 電験三種　ほか

実務書・ビジネス書

- 会計実務、税法、税務、経理
- 総務、労務、人事
- ビジネススキル、マナー、就職、自己啓発
- 資格取得者の開業法、仕事術、営業術

一般書・エンタメ書

- ファッション
- エッセイ、レシピ
- スポーツ
- 旅行ガイド（おとな旅プレミアム/旅コン）

書籍の正誤に関するご確認とお問合せについて

書籍の記載内容に誤りではないかと思われる箇所がございましたら、以下の手順にてご確認とお問合せをしてくださいますよう、お願い申し上げます。
なお、正誤のお問合せ以外の**書籍内容に関する解説および受験指導などは、一切行っておりません。**
そのようなお問合せにつきましては、お答えいたしかねますので、あらかじめご了承ください。

1 「Cyber Book Store」にて正誤表を確認する

TAC出版書籍販売サイト「Cyber Book Store」のトップページ内「正誤表」コーナーにて、正誤表をご確認ください。

URL:https://bookstore.tac-school.co.jp/

2 1の正誤表がない、あるいは正誤表に該当箇所の記載がない ⇒ 下記①、②のどちらかの方法で文書にて問合せをする

★ご注意ください★

お電話でのお問合せは、お受けいたしません。
①、②のどちらの方法でも、お問合せの際には、「お名前」とともに、
「対象の書籍名(○級・第○回対策も含む)およびその版数(第○版・○○年度版など)」
「お問合せ該当箇所の頁数と行数」
「誤りと思われる記載」
「正しいとお考えになる記載とその根拠」
を明記してください。
なお、回答までに1週間前後を要する場合もございます。あらかじめご了承ください。

① ウェブページ「Cyber Book Store」内の「お問合せフォーム」より問合せをする

【お問合せフォームアドレス】

https://bookstore.tac-school.co.jp/inquiry/

② メールにより問合せをする

【メール宛先　TAC出版】

syuppan-h@tac-school.co.jp

※土日祝日はお問合せ対応をおこなっておりません。
※正誤のお問合せ対応は、該当書籍の改訂版刊行月末日までといたします。

乱丁・落丁による交換は、該当書籍の改訂版刊行月末日までといたします。なお、書籍の在庫状況等により、お受けできない場合もございます。
また、各種本試験の実施の延期、中止を理由とした本書の返品はお受けいたしません。返金もいたしかねますので、あらかじめご了承くださいますようお願い申し上げます。

(2022年7月現在)